CONGRÈS

DES

SOCIÉTÉS SAVANTES

SAVOISIENNES

COMPTE-RENDU

DE LA

Sixième Session

TENUE A ALBERTVILLE LE 20 ET LE 21 AOUT 1883

ALBERTVILLE

IMPRIMERIE J.-M. HODOYER

1883

COMPTE-RENDU DE LA SIXIÈME SESSION

DU

CONGRÈS

DES SOCIÉTÉS SAVANTES

SAVOISIENNES

Tenue à Albertville le 20 et le 21 août 1883

CONGRÈS

DES

SOCIÉTÉS SAVANTES

SAVOISIENNES

COMPTE-RENDU

DE LA

Sixième Session

TENUE A ALBERTVILLE LE 20 ET LE 21 AOUT 1883

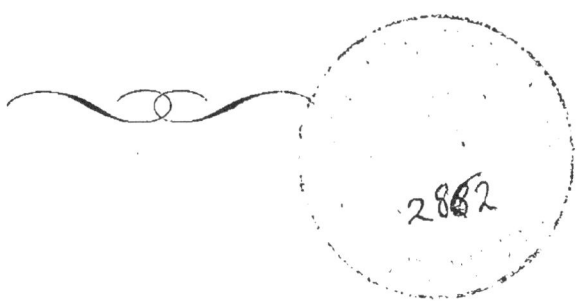

ALBERTVILLE

IMPRIMERIE J.-M. HODOYER

1883

Liste alphabétique
des membres du congrès

ALLIAUDI, *chanoine, président de l'Académie de la Val d'Isère* . . . . Moûtiers.

ANCENAY, Henri, *avocat, ancien magistrat.* . . . . . Albertville.

ARMAND, *docteur médecin* . .   id.

BLANC, Louis, *professeur* . .   id.

BONNET, *avoué* . . . . St-Jean-de-Maurienne.

BORREL, *l'abbé* . . . . Moûtiers.

BORREL, *architecte* . . . . .   id.

BRACHET, *rentier* . . . . . . Albertville.

CARRET, Jules, *député* . . . . Chambéry.

CONSTANTIN, Aimé . . . . . Annecy.

COUTEM, *curé.* . . . . Les Allues.

DÉNARIÉ, *docteur médecin* . . Chambéry.

DUCIS, *chanoine, archiviste de la Haute-Savoie.* . . . . . Annecy.

DUVERGER DE ST-THOMAS *(Baron)* . . . . Chambéry.

GARIN, *curé, archiprêtre.* . . Bozel.

GAUTHIER, *vice-président de la Société d'histoire naturelle de Savoie.* . . . . . Chambéry.

GRANGE, *notaire* . . . . . . St-Jean-de-Maurienne.

LÉPINE, *curé-archiprêtre* . . Albertville.

LOUSTAU, *ingénieur* . . . . . Crépy en Valois (Oise).

MANUEL (Comte de) . . . . . Albertville.

MASSE . . . .

MIÉDAN-GROS, *chanoine* . . . Moûtiers.

MIÉDAN, *abbé.* . . . . Queige.

MOSSIÈRE, François, *agent d'affaires.* . . . . Chambéry.

MUGNIER, François, *conseiller à la Cour d'appel de Savoie, président de la Société d'histoire et d'archéologie* . . . . Chambéry.

PASCAL, *instituteur.* . . . . . Fourneau.

PERRIER DE LA BATHIE (le baron), *secrétaire général du Congrès* . . . . . . Albertville.

PHILIPPE, Jules, *député* . . . Annecy.

PILLET, Louis, *avocat, président de l''Académie de Savoie, président du Congrès* . . . . Chambéry.

RÉVIL. . . . . St-Jean-de-Maurienne.

TOCHON, Pierre, *président de la Société d'agriculture* . Chambéry.

TOUBIN, *conseiller à la Cour d'appel.* . . . . id.

Trémey, *abbé* . . . . Moûtiers.

TRÉSALLET, *archiprêtre* . . . Cevins.

TRUCHET Florimond, *maire de St-Jean-de Maurienne, secrétaire de la Société d'histoire et d'archéologie de la Maurienne.* . . St-Jean-de-Maurienne.

VALLIER, Gustave, *numismate.* Grenoble.

VEYRAT, François . . . . . . Grésy-sur-Isère.

VILLOD, *abbé* . . . . Verthemex.

VULLIERMET, Philibert, *imprimeur* . . . . St-Jean-de-Maurienne.

VUY, Jules, *vice-président de l'Institut Genevois* . . . Carouge.

COMPTE - RENDU

DE LA SIXIÈME SESSION

DU

CONGRÈS DES SOCIÉTÉS SAVANTES

SAVOISIENNES

TENUE A ALBERTVILLE LE 20 ET LE 21 AOUT 1883

RÉSUMÉ

Depuis six ans que le Congrès des Sociétés savantes de la Savoie parcourt successivement les villes des deux départements, Albertville a eu pour la première fois l'honneur de le recevoir dans ses murs les 20 et 21 août 1883.

Après la réception à la gare par la commission municipale, on se réunit à 9 heures dans une des plus belles salles de l'Hôtel-de-Ville, où M. Gravin, adjoint, remplissant les fonctions de maire, souhaite la bienvenue aux membres du Congrès par l'allocution suivante :

« Messieurs les membres des Sociétés savantes,

« Au nom du Conseil municipal et de la popula-
« tion d'Albertville, soyez les bienvenus dans notre
« cité pour l'honneur que vous lui faites en venant y
« tenir votre Congrès scientifique.

« Nous sommes heureux, à cette occasion, de mettre
« à votre disposition les salons de l'Hôtel-de-Ville;
« soyez en même temps assurés que nous n'omet-
« trons rien pour que vous emportiez le meilleur
« souvenir de cette fête de la science. »

On procède ensuite à la formation du bureau, dont
voici la composition :

Président : M. Louis Pillet, président de l'Académie
de Savoie.

Vice-présidents { M. Alliaudi, chanoine, président de
l'Académie de la Val d'Isère.
M. Philippe, Jules, député de la
Haute-Savoie.

Secrétaires-adjoints { M. L. Blanc, professeur.
M. F. Brachet.

M. Pillet, en prenant place au fauteuil présidentiel,
adresse quelques mots de remercîments à l'assemblée
et déclare la session ouverte.

M. le docteur Jules Carret, qui, au Congrès tenu à
Moûtiers en 1881, a protesté contre la présidence
d'honneur déférée à Monseigneur Turinaz, évêque de
Tarentaise, s'est plaint au Congrès de l'année dernière
de paroles à lui attribuées par erreur. Sa réclamation
n'ayant pas été insérée dans le compte-rendu publié à
Aix-les-Bains, porte de nouveau sur cette omission.
Le Congrès décide que sa protestation sera publiée
sans retard dans le compte-rendu de la présente session.

Cet incident terminé, M. Gauthier annonce qu'il
désire parler d'une machine destinée à mesurer la

chute des corps. Il en donne la description sur un tableau et promet un Mémoire à ce sujet.

M. le chanoine Alliaudi lit un rapport sur les travaux de l'Académie de la Val-d'Isère, dont il est le président

M. Vuillermet énumère ensuite les travaux opérés par la Société d'histoire et d'archéologie de la Maurienne.

M. Gauthier donne à son tour lecture des travaux de la Société d'histoire naturelle de la Savoie.

M. le Baron Duverger de St-Thomas propose à M. le président de nommer une commission chargée d'étudier les mouvements de la montagne du Mont-Granier et d'en faire la description géologique.

M. le chanoine Ducis prend la parole et fait l'historique des progrès de la Société *Florimontane* et du Musée d'Annecy.

M. P. Tochon se lève ensuite et entretient l'assemblée de la Société d'agriculture. Il traite successivement du phyloxéra, de la crise agricole sous le rapport des céréales, du vin, et, à ce sujet, des produits étrangers; enfin, d'une carte agronomique.

C'est le tour de M. Vuillermet, qui présente un Mémoire des plus curieux sur des faits anciens arrivés à St-Jean de Maurienne.

M. Vuy parle d'un poëme du 16ᵉ siècle, d'un poète de la Haute-Savoie, ensuite d'une vieille chanson.

M. Constantin promet d'étudier la partie littéraire de la poésie que vient de mentionner M. Vuy.

Sur la proposition d'un membre, le Congrès décide que la séance du soir sera publique.

La séance est levée et renvoyée à 2 heures après midi.

M. Pillet ouvre la séance en lisant une étude très approfondie sur la nature des différentes couches géologiques qui forment le bassin d'Albertville.

A son tour, M. Garin lit une intéressante notice sur la famille seigneuriale de Chevron-Villette.

Ensuite, M. Mugnier fait part au Congrès de documents inédits sur l'Abbaye de Tamié.

M. Révil présente une suite d'études géologiques sur la vallée de Beaufort.

M. Ducis, dans un intéressant Mémoire, fait l'historique du château de Beaufort

M J. Vuy termine la séance en donnant lecture d'une communication relative au baron d'Hermance.

A l'issue de la séance, M. le Comte de Manuel invite gracieusement les membres du Congrès à visiter sa collection de lépidoptères.

On se rend ensuite à Conflans; on visite la tour de M. Perrier de la Bâthie, au château rouge. Une inscription gravée sur une pierre angulaire de l'Eglise, au midi, arrête les visiteurs qui s'essaient à la déchiffrer.

Tous les promeneurs sont revenus enchantés de cette excursion : ville curieuse par son vieux style, en même temps qu'un point de vue admirable sur les vallées de l'Isère et de l'Arly.

Mardi matin, à 7 heures, la séance est ouverte et M. P. Tochon fait une conférence sur la fabrication et la conservation des vins. La salle est bien vite remplie pour entendre un homme aussi compétent en pareille matière. M. Perrier de la Bâthie complète cette étude en disant quelques mots du *mildew*, ou nouvelle maladie que nous devons, comme le phyloxéra, à une importation américaine.

La séance reprise à 9 heures s'ouvre par un préambule de M. l'abbé Trémey sur l'âge de pierre. Il montre à ce sujet un étrier incrusté.

A la suite de la communication de M. le chanoine Miédan-Gros, sur l'orthographe des noms de quelques communes, une intéressante discussion sur les noms propres patois s'engage entre MM. Ducis, Vallier, Mugnier, Carret, Constantin. Il faut remarquer que depuis l'annexion de la Savoie à la France on perd la prononciation qui convenait mieux à notre patois par l'accent, par le ton italien, qui appuie sur la pénultième, au lieu de forcer la note sur la dernière. Comme on dit déjà *Chappe* pour *Chappaz*, *Marlie* pour *Marlioz*, il n'y a pas de raison pour qu'on ne dise pas *Cule* pour *Culoz*, ainsi que l'a fait observer M. le Chanoine Ducis. Il est temps d'arrêter, d'enrayer cette mauvaise prononciation, faute de quoi il ne sera plus possible d'écrire sous la dictée.

Au sujet de Besson, auteur indiqué par M. Miédan, sur l'orthographe des mots, M. Mugnier conteste l'autorité de cette citation, en prétendant que cet auteur a pu écrire d'une façon fantaisiste.

Après cette discussion, le Congrès a nommé une commission qui devra s'occuper de toutes ces questions du patois et faire un rapport à la session prochaine. Cette commission est composée :

Pour Chambéry : MM. L. Pillet et Mugnier.

Pour Annecy : MM. Constantin, Ducis et Séran.

Pour Moûtiers : MM. Alliaudi et Miédan-Gros.

Pour Albertville : M. Brachet.

Pour St-Jean-de-Maurienne : M. Truchet.

M. Perrier de la Bâthie lit une étude sur la constitution de quelques prairies en Savoie, et M. Florimond Truchet fait part d'une contribution à l'histoire de St-Jean-de-Maurienne. Cette lecture clot la séance.

Le soir, une affluence considérable remplissait la salle du Congrès.

M. Lépine, curé d'Albertville, lit une étude, ayant pour titre : « Albertville avant qu'elle eut ce nom. »

M. le chanoine Ducis présente un mémoire sur le bassin d'Albertville pendant l'époque romaine.

M. Mugnier décrit le trousseau des mariées en Savoie pendant le 16e et le 17e siècles.

M. Pillet lit une note sur les Publicains romains établis à Albertville et les impôts qu'ils percevaient.

M. le docteur Dénarié montre et commente une thèse écrite sur une toile décorée et splendidement illustrée, dont l'auteur est un jeune homme de Queige ; ensuite deux lettres patentes du roi, au 17e siècle, sur la corporation des cordonniers de Chambéry, constitués en université. Ces documents intéressent vivement l'auditoire.

M. le chanoine Alliaudi lit un mémoire détaillé sur l'ancien collège d'Albertville.

M. Borrel tend à établir, dans une étude sur les impôts au moyen âge et la dîme en particulier, que M. Garin a avancé quelques assertions erronées à ce sujet. M. le curé Garin réplique par quelques mots et M. Mugnier vient à son tour rectifier les affirmations relatives à la dîme, en laissant de côté les autres impôts. Enfin, M. Ducis a déclaré se réserver d'y répondre au prochain Congrès, avec pièces à l'appui, pour la partie de la Haute-Savoie. Ces diverses répliques soulèvent de vives protestations et M. le président, dans le louable but de calmer les esprits et de clore cette longue discussion, propose à M. J. Vuy de lire ses poésies à l'assistance, ce que celui-ci fait avec tout le talent que les habitués du Congrès lui connaissent sur la matière.

Les travaux du Congrès étant terminés, M. le président remercie la ville entière de l'excellent accueil qu'elle a fait aux savants et termine son allocution par quelques paroles émues, en disant : nous ne vous disons pas adieu, mais au revoir.

Comme toute réunion se termine généralement par un banquet, et que les savants, si intellectuels qu'ils soient, n'ont garde de vouloir déroger à cet excellent usage, Albertville a payé son tribut gastronomique aux membres du Congrès. A 7 heures du soir, une grande partie des membres du Congrès, et plusieurs habitants de la ville, se réunissaient à l'hôtel Missillier, où un dîner parfaitement ordonnancé et servi, a bien terminé ces deux jours de fête.

Les toasts, couronnement ordinaire de ce genre de fête, et, à coup sûr, la partie la plus gaie, n'ont pas fait défaut, comme bien l'on pense. M. Pillet ayant exprimé au nom de la science le désir de voir se fonder, ou plutôt se continuer à Albertville la fondation d'une bibliothèque et d'un musée, M. Gravin a ré-

pondu avec beaucoup d'à propos que le conseil municipal tendrait certainement à satifaire ce vœu et à faire
triompher une aussi patriotique motion. M. le Baron
Duverger de St-Thomas, dans un discours très complet et très spirituel, a fait l'éloge des hommes célè-
bres de l'arrondissement d'Albertville. MM. Jules
Philippe, Jules Carret, D' Dénarié, Loustau, J. Vuy,
etc. ont pris successivement la parole et n'ont pas
ménagé leur esprit.

Bref, malgré la très regrettable absence, à Albertville, d'une société scientifique, qui pourrait y pros-
pérer à l'instar de la *Florimontane*, d'Annecy, de la
Val d'Isère, de Moûtiers, et tant d'autres, la munici-
palité n'a rien épargné pour rendre aux membres du
Congrès leur séjour aussi agréable que possible.

La fanfare municipale a tenu, elle aussi, à prendre
part à la fête, et le soir, pendant le banquet, elle a
exécuté les plus jolis morceaux de son répertoire qui
ont été vivement applaudis.

Baron E. PERRIER DE LA BATHIE,
Secrétaire Général du Congrès.

RECTIFICATION AU PROCÈS-VERBAL

DU CONGRÈS DE MOUTIERS (page 6),

Votée par le Congrès d'Aix,

Omise cependant au Procès-Verbal du Congrès d'Aix,

et décidée à nouveau

PAR LE CONGRÈS D'ALBERTVILLE.

M. Pillet, président, propose d'offrir la présidence d'honneur à Mgr Turinaz, évêque de Tarentaise.

M. Jules Carret demande la parole à ce sujet.

Il rappelle l'article 7 du Règlement, qui interdit toute discussion politique ou religieuse. Il dit que la science nous offre un terrain neutre sur lequel nous pouvons nous réunir et nous entendre, mais que la désunion apparaîtra dès que l'on voudra que le Congrès manifeste dans un sens politique ou religieux quelconque. La présidence d'honneur déjà donnée à un évêque, au Congrès de St-Jean-de-Maurienne, loin d'être un précédent utile, est un précédent fâcheux. Il proteste contre la nomination qui va avoir lieu, et demande :

1° Que mention de sa protestation soit inscrite au Procès-Verbal;

2° Que le vote ait lieu au scrutin secret, afin que la minorité du Congrès puisse marquer sa désapprobation.

M. le Président dit que le Procès-Verbal relatera la protestation de M. Jules Carret et que le vote va avoir lieu au scrutin secret.

Mgr Turinaz est élu président d'honneur par 24 voix contre 9.

Académie de la Val d'Isère

Rapport du Président au Congrès d'Albertville. 1883.

Messieurs,

Depuis le jour, qui fera époque dans les annales de la Tarentaise et de La Val d'Isère, où nous avons eu l'honneur de vous voir réunis au siège de notre Société, notre pacifique existence n'a présenté aucun incident qui soit particulièrement digne de remarque. La fraternité qui nous unit tous vous fera néanmoins écouter avec bienveillance le compte que le Règlement de nos Congrès me fait un devoir de vous rendre. — En peu de mots, je vais vous exposer où nous en sommes pour notre personnel, nos réunions, nos publications et nos finances.

I. Nous avons éprouvé des pertes très sensibles. M. Quicherat, directeur de l'Ecole des Chartes, membre de la Commission des Monuments historiques de France, avait bien voulu accepter le titre de Président honoraire de La Val d'Isère, et il prenait grand intérêt à nos œuvres : la mort l'a ravi trop tôt à la science qu'il honorait de ses lumières et de ses travaux, et à nous qui étions fiers de le compter parmi les nôtres.

Ce n'est pas le seul vide que la mort ait fait dans nos rangs. Elle nous a enlevé un membre honoraire, M. Guiguet, chanoine de Maurienne, natif de Hauteluce; un membre correspondant, M. Velat, ancien avoué à Albertville; deux membres effectifs, M. Léger, curé d'Aigueblanche; et, tout dernièrement, ici, un homme dont le nom est encore dans toutes les bouches et le souvenir dans tous les cœurs, M. le docteur Ducrest, médecin à Albertville.

Cependant notre petite Compagnie est loin d'avoir perdu en nombre ; et, en entendant les noms de nos recrues, vous pourrez juger vous-mêmes si nous avons subi quelque perte en valeur.

Dès son arrivée dans le diocèse, Mgr Pagis nous appartient en qualité de Président d'honneur ; il a adopté affectueusement l'Académie de La Val d'Isère et lui a donné de grands témoignages d'intérêt.

M. le comte de Lasteyrie, qui remplace si dignement le regretté M. Quicherat à l'Ecole des Chartes et à la Commission des Monuments historiques, a gracieusement accepté de le remplacer aussi dans les cadres de notre Société.

Trois autres noms bien connus sont venus grossir le nombre de nos membres effectifs. Ce sont ceux de MM. Louis Pillet, César d'Oncieu de la Bâtie et Charles Reymond, de Turin.

La liste des membres correspondants s'est accrue des noms de MM. de la Roche, à Rome ; Greyfié de Bellecombe ; Fr. Turrettini, à Genève ; Ferrand, avocat à Grenoble ; Reyne, avocat à Moûtiers ; Ducruet, receveur à Moûtiers ; Galice, rentier à Feissons-sous-Briançon.

Enfin, nous avons délivré des diplômes de membres honoraires à trois auteurs d'écrits bien appréciés en Savoie : MM. Victor Barbier, le chanoine Tiollier et Charles Duverger de St-Thomas.

II. Nos réunions ont continué à se tenir mensuellement. On y a lu divers mémoires, dont quelques-uns ont déjà paru dans les publications de la Société. L'on s'est occupé de l'interprétation de quelques inscriptions du pays; de fragments épars qui ont été trouvés et déposés à notre musée lapidaire d'Aime; de quelques monnaies offertes ou communiquées par des amateurs; des églises de Moûtiers, de la crypte de la cathédrale, des tours et châteaux de la Bâthie, de St-Marcel, etc.

Des notes adressées par des membres du dehors, et notamment par MM. Barbier de Montault, Fleury et Vallier, ont fait le sujet d'entretiens et discussions très profitables.

Nous avons eu notre représentant aux réunions de la Sorbonne de 1883, comme à plusieurs autres des années précédentes. Les lectures que M. Borrel y a faites ont aussi rempli une partie de nos séances, soit avant pour la discussion des sujets, soit après, pour le compte rendu de ce qui s'était passé.

III. Deux livraisons de Mémoires ont été publiées en 1882 et 1883. La dernière, forte de 150 pages, complète le 3e volume de cette série. Elle comprend un travail que nous avait légué notre regretté vice-président Avet, sur le Congrès scientifique de France, tenu à Chambéry, il y a vingt ans. — Beaucoup de questions y sont traitées avec la compétence d'un témoin oculaire qui a vu ce dont il parle, et d'un juge qui apprécie toujours avec impartialité, souvent avec finesse, les hommes et les faits. — A la suite de ce mémoire posthume, on lit le compte-rendu de notre intéressante réunion générale de 1882.

Le fascicule précédent contenait :

1° Le *Pouillé de l'ancien archidiocèse de Tarentaise* au XIV⁰ siècle, suivi de sa comparaison avec l'état du diocèse en ce moment ;

2° Un mémoire de notre vice-président, M. Borrel, sur les curieux bénitiers de l'église de St-Marcel et de la chapelle de Centron ;

3° Un rapport sommaire du même au ministre de l'Instruction publique sur les fouilles opérées à l'église du Prieuré de St-Martin ;

4° Un modeste travail sur le privilége, dont jouissaient autrefois les habitants de Marthod, de ne pas payer la leyde au marché de Conflans.

IV. La question de la conservation et de l'entretien du monument historique d'Aime a fait quelques pas à l'avantage de l'Académie.

D'abord une souscription a été ouverte, et elle l'est encore : elle a amené des résultats satisfaisants. L'exemple du bienveillant M. Quicherat, qui s'était inscrit en tête, nous a porté bonheur : beaucoup d'autres sont venus après lui, et nous ont aidé à rétablir l'équilibre budgétaire menacé de disparaître sous le poids *monumental*.

Puis deux visites au Prieuré, faites, d'ordre du ministère, par MM. Quicherat et de Lasteyrie, ont amené les choses à un point qui donne les plus belles espérances d'avenir pour l'Académie et pour le monument historique qu'elle a voulu sauver. Je dois dire cependant que les choses ne sont point aussi avancées, ni les promesses aussi considérables que certains journaux se sont hasardés à le dire.

ALLIAUDI, prévôt,
Président de l'Académie de La Val d'Isère.

COMPTE-RENDU

des travaux de la Société d'Histoire naturelle de la Savoie

———◇———

L'année dernière, au congrès d'Aix-les-Bains, M. Revil, dans le compte-rendu des travaux de la Société d'histoire naturelle, annonçait avec confiance que nous étions en bonne voie et il espérait que pour 1883, notre société pourrait présenter au Congrès d'Albertville un ensemble de travaux au moins égal à celui des années précédentes.

Je suis heureux aujourd'hui d'avoir été désigné pour établir que ces prévisions ont été pleinement réalisées.

La Société d'histoire naturelle de la Savoie est maintenant très-riche en échantillons géologiques et minéralogiques.

Les premiers occupent toute une belle et grande salle dans laquelle, par suite de leur classement méthodique, œuvre remarquable de M. Pillet, ils offrent au visiteur un véritable tableau synoptique et extrêmement intéressant des différentes transformations du globe.

Quant aux seconds, ils ont été l'objet, cette année d'un important travail. La classification des roches a été complétée et étendue considérablement. M. Lachat, ingénieur en chef des mines et M. Revil ont analysé un très grand nombre d'échantillons nouveaux (reçus cette année) et quelques-uns des anciens dont la détermination n'était pas rigoureusement établie.

Ce travail de spécialisation a donné lieu à la formation de plusieurs nouvelles familles qui figurent maintenant dans nos vitrines.

Les analyses ont été faites au chalumeau; cette méthode est, comme on le sait, merveilleuse de rapidité et de précision, mais elle exige une initiation pratique assez difficile à acquérir. C'est cette partie spéciale, cette manipulation délicate que notre excellent confrère M. Lachat a bien voulu enseigner aux membres de la Société qui s'occupent de minéralogie.

Aujourd'hui la classification rationnelle des minéraux est à peu près terminée.

Dans une de nos premières séances de 1883, M. Pillet, grâce aux relations qu'il entretient avec les principaux géologues français ou étrangers, a communiqué à la Société une intéressante note sur l'état des négociations qui ont pour but d'établir l'unité de nomenclature dans la géologie.

Un premier Congrès international a été réuni dans ce but à Bologne en 1881; un autre sera convoqué à Berlin en 1884. Dans l'intervalle, des commissions se sont réunies à Foix en 1882 et se réuniront encore à Zurich vers la fin de 1883. A Foix, deux commissions siégeaient simultanément; celle de la nomenclature et celle de la carte géologique d'Europe.

Pour la carte, MM. Hauchcorn et Beyrick avouent qu'il leur faudra encore 6 ans au moins pour la terminer; ils ont présenté à la commission, sur une carte réduite, l'état actuel des travaux. Au sujet des teintes conventionnelles, l'Allemagne et l'Autriche ont proposé ensemble un même système de coloration qui sera probablement adopté au congrès définitif de Berlin.

M. Pillet a placé un tableau de ces teintes sous les yeux de la Société; ce spécimen a été examiné avec le plus vif intérêt.

Dans une autre séance, M. Louis Pillet nous a communiqué une étude très complète sur le massif du Mont-du-Chat.

Notre savant confrère étudie spécialement l'étage blanc coralligène qui occupe le faîte de la chaîne montagneuse entre Château-Richard et la Dent-du-Chat. Il se demande si c'est le corallien classique ou, au contraire, comme on pourrait le croire, la partie supérieure du kimméridgien. Pour une détermination sûre et indiscutable, il faudrait avoir recours à deux genres de preuves : 1° la connaissance exacte des espèces fossiles, 2° la position bien définie, entre des assises nettement caractérisées, des couches dont la nature est l'objet de controverses.

Or, les fossiles du Mont-du-Chat sont dans un très mauvais état de conservation et le seul moyen de les étudier est de poursuivre la couche jusqu'à Ch... Là, au-dessous du Portlandien on trouve une assise oolithique contenant des nérinées, des dicéras et des polypiers du même âge que ceux d'Oyonnax et de

Valfin. Sous cette masse, affleure le terrain ostratien.

M. Pillet a retrouvé au Mont-du-Chat, dans les espèces qui ont pu être déterminées, des individus semblables à ceux dont il a été parlé.

Nous serions donc, d'après ces fossiles, dans le Ptérocérien.

Cette induction est confirmée par la corrélation des couches : A Ch. ainsi qu'au Mont-du-Chat, le virgulien fait défaut, ou plutôt s'est transformé avec le ptérocérien en une même masse oolithique. Les plages nécessaires aux Coraux excluent les sédiments vaseux indispensables au développement des fossiles du genre ostréa. De plus, à Ch. on retrouve, au-dessus du Portlandien, le Purbeck, qui apparaît encore dans la même position au Mont-du-Ch. Il est probable que lorsqu'on aura mieux étudié les dolomies et les calcaires semis cristallins qui séparent le Purbeck de la couche oolithique on y trouvera des représentants du Portlandien.

Le 5 mai, M. Revil a communiqué un intéressant travail sur les ardoisières de Cevins dont la place exacte dans la série des terrains était encore incertaine il y a peu de temps. M. Revil a rapporté de ses explorations dans les ardoisières un grand nombre d'empreintes végétales, entre autres des pécoptérix. L'analyse de ces fossiles, jointe à une étude stratégraphique du massif a permis de déterminer sûrement la nature du terrain des ardoisières; il correspond à l'étage houiller.

En novembre dernier, notre galerie zoologique

s'est augmentée d'une magnifique collection de squelettes d'oiseaux; ce qui, avec les très nombreux sujets
empaillés que renferment les vitrines, complète de la
façon la plus heureuse notre matériel d'études zoolo-
giques.

Pour la botanique, la Société d'histoire naturelle a
entrepris cette année un travail des plus importants.
Profitant des dispositions bienveillantes de l'administration des eaux et forêts, notre Société s'est pro-
curée des échantillons de tous les bois de la région.
Ces échantillons ont la forme et l'aspect d'un gros
dictionnaire; le dos du livre est représenté par
l'écorce, soigneusement conservée. Les faces latérales
montrent les fibres; l'axe de la moelle centrale est
contenu exactement dans le plan de l'une d'elles; les
tranchées ont reçu tout le poli dont elles étaient susceptibles, et indiquent les usages de ces diverses sortes
d'arbres.

Un jeune naturaliste, M. Jacquemet, a enrichi notre
salle d'entomologie de plusieurs coléoptères très-
rares en Savoie; l'un de ces insectes, l'atomaria li-
néaris, trouvé à Belmont-Tramonet, a fait l'objet d'une
communication des plus intéressantes de la part de M.
Jacquemet.

Enfin, parmi les travaux les plus féconds de la Société, je citerai les conférences si remarquables de
clarté et de précision que M. Pillet a bien voulu faire,
dans la salle de géologie de la Société, aux élèves de
l'école primaire supérieure de Chambéry.

Ces conférences portaient principalement sur les

grandes époques géologiques. Les jeunes auditeurs de M. Pillet s'en retournaient chaque fois plus vivement attirés vers l'étude des sciences naturelles ; séduits qu'ils étaient par les merveilles et les étrangetés saisissantes que présentent à l'esprit et aux yeux l'histoire de la terre, celle des êtres monstrueux qui l'ont peuplée, et celle des animaux et des plantes qui l'habitent aujourd'hui.

L. GAUTHIER.
Vice-président de la Société d'histoire naturelle de la Savoie.

ÉTUDE

sur la Géologie de l'arrondissement d'Albertville

———◆———

Albertville est située sur la limite qui sépare les terrains primitifs des terrains sédimentaires. La ville presque entière repose sur les dépots récents de l'Arly, qui recouvrent les strates du lias et du trias, tandis que le vieux Conflans est assis sur les rochers primitifs des Alpes.

Cette position privilégiée en fait un excellent observatoire pour l'étude de cette double série.

Je vais d'abord exposer en quelques mots ce que nous savons des terrains sédimentaires caractérisés par leurs fossiles.

La série de ces terrains a été reconnue pour la première fois en Angleterre, il y a environ soixante ans. Murchison et Sedgwick y ont déterminé les couches les plus anciennes, celles où apparaissent les premières traces de vie animale et végétale. Ils leur ont donné les noms de *Cambrien* et de *Silurien*, noms dérivés des régions du pays de Galles, et de l'ouest de l'Angleterre, où ils les ont observés et décrits.

De son côté William Smith a classé, vers 1820, les terrains plus récents, qu'il a distingués pareillement par des noms tirés en majeure partie, des contrées où il les avait étudiés ; nous avons ainsi le *Callovien*, l'*Oxfordien*, le *Kimméridgien*, le *Porllandien*, le *Pur-beckien,* dans la série jurassique, ou encore le *houil-ler*, le *lias*, le *corallien* ainsi dénommés d'après leurs produits caractéristiques, dans l'Angleterre.

Vers 1840, Alcide d'Orbigny, dont les travaux font encore autorité dans la science, résumant en une vaste synthèse, les travaux de ses devanciers, et y joignant d'innombrables matériaux qu'il avait décou-verts lui-même, créa le mot et on peut presque dire la science de la patéentologie. Basé sur ce solide fon-dement, il établit la division de l'écorce terrestre en vingt huit étages, telle que nous la conservons encore aujourd'hui.

Depuis lors les progrès rapides de la science, d'une part le nombre presque infini de fossiles nouveaux, de l'autre l'étude des régions les plus éloignées de notre globe et des innombrables variétés de terrains qui s'y montrent, tout concourt à faire désirer une classification uniforme, acceptée par les géologues du monde entier.

De là est né le Congrès international de géologie, qui s'est réuni pour la première fois à Paris en 1878, puis à Bologne en 1881, qui se retrouvera à Berlin en 1884, puis probablement encore à Londres en 1887 et peut-être à Philadelphie à 1890??

En attendant qu'il ait mené à bonne fin l'œuvre im-mense qu'il a entreprise, nous nous en tenons, pour la nomenclature des terrains stratifiés, à celle de d'Orbi-gny, qui est aujourd'hui la plus répandue.

Dans les environs d'Albertville, comme dans le massif des Bauges, les terrains les plus récents se trouvent sur la croupe des hautes montagnes. Ainsi vers l'abbaye de Tamié, on rencontre le dernier représentant des terrains crétacés : c'est le *Néocomien*, qui vient finir là, au pied des Alpes, et s'y redresse pour former la cime de la *Belle-Étoile*.

Les rochers abrupts, qui supportent le col et le fort de Tamié, appartiennent au jurassique supérieur, probablement au *Kimméridgien*; mais l'absence de fossiles bien caractérisés empêche de leur assigner une place précise dans la série. Nous croyons pouvoir les rapporter aux couches à *ammonites tenuilobatus*, *polyplocus* ou *acanthicus* de Lémenc, près de Chambéry.

A Plancherine, au-dessus du village des Piffet, commence une série de roches noires, schisteuses, que, d'après leur aspect, on eût volontiers rapportées au lias. Une exploration heureuse, a fait tomber sous nos mains, en 1882, un tout petit fragment, qui suffit à nous convaincre du contraire : c'est un nodule où apparaît le dos de l'*ammonites cordatus*, caractéristique de l'oxfordien supérieur, de la couche connue sous le nom de Birmensdorf, en Suisse, et caractérisée par l'*ammonites transversarius* (du *Lower Calcarerous grit* des Anglais).

Près de là, au hameau des Jacquettes et à Allondaz, notre ami, M. Hollande, a découvert, il y a deux ans, des marnes pétries de posidonies : (la posydonomya Bronni). D'après les études faites par M. Lory à *Mens*, à *Crussol* et à la *Voulte*, dans l'Ardèche, ces posidonies sont caractéristiques du Callovien, situé au-dessous de l'oxfordien.

Il y a déjà plus de trente ans, un jeune naturaliste d'Albertville, enlevé trop tôt à la science, M. Hippolyte Ancenay, avait découvert un gisement de posidonies au *Tall*, au-dessus et tout près d'Albertville. Il est difficile de croire que ces fossiles soient là au même niveau que ceux d'Allondaz. Il faudrait pour cela des renversements de couches, dont le pays ne présente aucune trace. Il est plus probable qu'il s'agit ici de la *posidonomya alpina*, qui caractérise un étage inférieur, le lias moyen. Mais pour acquérir une entière certitude, il nous faudrait des types de fossiles mieux conservés, et surtout des ammonites de ces diverses localités.

Ces schistes se continuent sous Albertville et sous le lit de l'Arly, jusqu'à la route qui monte à Beaufort. Là, on voit apparaître, plaqués verticalement contre le primitif, quelques feuillets de schistes verts et violets, qui représentent la partie supérieure du trias : ce qui est *marnes irisées* dans l'Europe centrale, est devenu ici, à proximité du foyer incandescent des Alpes, *schistes durs et irisés*. A Grignon, le trias contient un dépôt de gypse, comme à Randens, en Maurienne.

C'est le terrain sédimentaire le plus ancien qu'on rencontre sur ce versant des Alpes : on n'y a pas observé encore le terrain houiller, dont on retrouve des lambeaux au nord, vers Ugines, et au sud à Prêles et La Mure.

Ce ne sont pas là tous les terrains sédimentaires de la région d'Albertville. Si l'on escalade l'arête primitive des monts Balachat et Mirantin, on retrouve une

fissure où se pressent encore quelques roches stratifiées : c'est le petit vallon de Cevins, qui se continue
au sud par le col de Bâmont et Montsapey en Maurienne, et au nord par Beaufort, Hauteluce et St-Ger-
vais en Faucigny. Il me reste à dire quelques mots de
ce lambeau.

Les Alpes plus hautes sur cette région n'ont jamais
été couvertes par le néocomien, le kimmeridgien,
l'oxfordien, le callovien. Ces terrains se sont arrêtés
vers Tamié, en dehors de la région des Alpes. Par
contre elles y ont été couvertes par un petit bassin
houiller, où se sont déposées les ardoises de Cevins
et d'Arêches, probablement aussi celles qu'on commence à exploiter au col de Bâmont.

La dûreté, la qualité exceptionnelle de ces ardoises
se lie intimément à leur âge géologique. Celles du lias
qu'on a exploitées à La Chambre et à St-Colomban
des Villards, celles du tertiaire nummulitique de St-
Julien en Maurienne, ne sauraient rivaliser avec les
ardoises houillères de Cevins, ni avec les ardoises
siluriennes d'Angers, bien plus anciennes encore.

Sur le houiller viennent ordinairement des calcaires
magnésiens, à petits cristaux d'Albite, calcaires
sans fossiles, qui semblent représenter ici le *Muschelkalk* des Allemands. Ce calcaire pincé dans le primitif se montre à Cevins et au col de la Bâthie, près
d'Arêches, et se réduit à un simple filet de quelques
mètres sous Beaufort à la Glirette, au bord de l'Argentine, où M. Bontron l'a découvert récemment ; il
établit la communication entre le bassin triasique
d'Arêches et celui d'Hauteluce.

Aux calcaires et dolomies du Muschelkalk sont associés et superposés tantôt des cargnieules (volomies caverneuses) tantôt des schistes irisés, comme ceux de la route de Conflans.

Le tout est recouvert par des lambeaux de calcaire noir, appartenant probablement au lias. L'absence de fossiles nous empêche de préciser mieux l'âge de cette formation J'ai dit des lambeaux, parce qu'il est probable que ce terrain s'est déposé comme un vaste manteau sur des espaces bien plus étendus, qu'il a été déchiré et emporté par les puissants ravinements survenus dès lors, et qu'il n'en est resté que de rares débris protégés dans les infractuosités des roches alpines.

Jusqu'ici je n'ai parlé que des roches sédimentaires : ce sont celles dont l'étude est plus facile dans cette région ; mais on peut dire que, pour nous, ce sont les moins intéressantes. En effet, tout est déjà connu sur ces étages, par les travaux nombreux des géologues placés dans des régions plus favorisées. Dans l'Angleterre, dans la France centrale, l'Allemage, la Russie, ces mêmes couches se montrent bien plus puissantes, moins compactes, parfois à l'état de simple boue, où sont disséminés à profusion les débris encore frais des animaux qui les ont peuplés. C'est là qu'il faut aller les étudier dans toute leur richesse.

Mais au-dessous des terrains sédimentaires, nous avons, de Conflans à Briançon, une masse énorme de terrains primitifs sur lesquels nous ne savons rien encore. C'est là ce qui devrait attirer aujourd'hui l'attention des géologues, et pour cette étude, la position d'Albertville, je ne crains pas de le répéter, est privilégiée. Les prochains travaux du chemin de fer de Moûtiers, les tunnels à perforer, les carrières à ouvrir pour l'extraction des matériaux, tout va présenter une occasion de précieuses études.

Voici le peu que j'ai observé dans les environs de Conflans.

D'abord les schistes à séricite, ou talcschistes qui occupent la chaîne extérieure des Alpes, entre Albertville et le haut vallon de Cevins. Ces schistes sont redressés verticalement, et même légèrement recourbés en éventail sur le lias d'Albertville par la pression du massif central, ainsi qu'on l'observe déjà dans la vallée de Chamonix, au pied du Mont-Blanc. Sur cette énorme épaisseur de plus de 8000 mètres, où se détachent les pics du Mirantin et du Balachat, les schistes ne sont certainement pas identiques : il y aurait de nombreuses études de détail à y faire, pour découvrir la succession régulière et les modifications accidentelles des schistes, des micaschistes et des gneiss. Ils doivent contenir des minerais divers : ainsi on y exploite à St-Georges d'Hurtières de beaux fers spathiques, des cuivres sulfurés, des plombs argentifères unis au zinc sulfuré. A Tours, près d'Albertville, sont l'antimoine sulfuré et le fer arsénical.

Soumis à l'analyse spectrale par M. Michel Lévi, les schistes à séricite de la Maurienne, lui ont présenté un amas de débris microscopiques des roches les plus variées. Si l'on comparait, avec le même procédé, les schistes recueillis sur cette énorme épaisseur, n'est-il pas à croire que l'on arriverait à y reconnaître des types différents.

Les fossiles y faisant défaut, il est un moyen d'y suppléer, pour déterminer l'ordre de succession des roches azoïques : c'est d'étudier les fragments de roches plus anciennes, les galets plus ou moins distincts contenus dans chaque assise. En les comparant, on reconnaîtra les roches d'où ils ont été détachés, roches plus anciennes qui faisaient déjà saillie dans les eaux où ces dernières ont été déposées. Ce genre d'études a conduit en Amérique aux résultats les plus décisifs.

Arrivons maintenant à la partie centrale, celle qui est entre la Roche de Cevins, ou plutôt Luidefour et Petit-Cœur. Ce massif de six kilomètres d'épaisseur environ, est composé de gneiss chloriteux, souvent porphyroïdes, qui ressemblent souvent aux granits les plus durs des Alpes. Aux phénomènes chimiques du dépôt de ces roches dans des océans probablement surchauffés, et sous de hautes pressions, s'est joint encore un phénomène plus complexe : celui de l'intrusion de masses ignées, provenant des couches profondes du globe, et qui en ont complètement modifié la structure et aussi la composition minéralogique. Là tout est à observer, la nature de la roche change à tous les pas.

Ainsi, à Epierre en Maurienne, sur le prolongement de la couche de Cevins, on exploite une protogine, qui a été employée aux pavés de Chambéry et fournit d'excellents matériaux.

A Luidefour, c'est un gneiss chloriteux, avec traces d'épidote verte. Il passe à un beau gneiss porphyroïde à grands cristaux blancs d'orthose; puis à des dalles de grandes dimensions, qu'on commence à y exploiter, et qui remplaceront avantageusement celles que l'on tire à grands frais du Piémont.

En remontant l'Isère, ces gneiss ont été imprégnés de silice et passent à une espèce de granit, où se voient des cristaux de sphène. A Notre-Dame-de-Briançon, c'est une pegmatite à larges plaques de mica blanc, probablement un filon de date récente. Il y a dans ce court trajet toute une collection de roches alpines. Enfin, près de Petit-Cœur on retrouve des schistes à séricite, comme à Conflans mais bien moins épais.

Le long du Doron, en amont de Beaufort, on coupe encore la même série de gneiss porphyroïdes. Mais là ils sont traversés par un filon de granit à mica noir et amphibolite, qui, suivant M. Michel Lévi, appartiendrait aux masses intrusives les plus anciennes.

A mesure qu'on étudiera de plus près cette partie de la chaîne des Alpes, on y reconnaîtra des types de plus en plus variés. C'est la chaîne du Mont-Blanc, qui s'est abaissée jusqu'à nous, qui est traversée par une route splendide et par là devient accessible à tous.

Profitant de ces circonstances si favorables, les amateurs d'Albertville devraient s'adonner à l'étude de ce problème. Pour cela, ils auraient à former une collection de tous les types de roches qu'ils rencontrent entre Conflans et Briançon, en indiquant soigneusement la localité où a été recueilli chaque échantillon. Ils s'attacheraient aux filons métallifères et autres, qui y paraissent au jour, et surtout aux cailloux engagés dans chaque assise.

Un musée local ainsi formé pourrait aider puissam-
ment à la solution des questions qui divisent en ce
moment la science.

Ils sont mieux placés que les géologues de Chambéry ou d'Annecy trop éloignés du théâtre des observations, mieux placés même que les minéralogistes de
Chamonix, qui au prix des plus rudes travaux ont
réussi cependant à former des collections de subs-
tances précieuses, et qui en découvrent encore de
nouvelles presque à chaque excursion.

L. PILLET,
Président de l'Académie de Savoie.

État de l'Abbaye de Tamié

en 1707.

Élection de l'abbé Dom Arséne de Jouglaz.

Messieurs,

Dans son *Histoire de Tamié*, notre regretté collègue, M. Eugène Burnier, puisant aux sources que j'ai consultées après lui, a raconté des faits semblables à ceux qui suivent, aussi pour éviter des répétitions, me suis-je appliqué à ne vous en présenter que d'inédits.

En 1703, Louis XIV s'était emparé de la Savoie qu'il conserva jusqu'au traité d'Utrecht, 11 avril 1713. Il entendait que son autorité absolue s'exerçat aussi bien sur les établissements religieux que sur le reste de la nation. C'est pourquoi il ne permit pas aux moines de Tamié d'élire un abbé sans la présence à l'élection d'un représentant de son pouvoir. Pour obéir aux instructions du Ministre, le Procureur général De Ville *remontre* au Sénat de Savoie, le 8 août 1707, que « Rᵈ Mʳᵉ Jean-François Cornuty, abbé de « Tamié étant décédé, l'abbaye étant de fondation « royale et la nomination de l'abbé appartenant au « souverain, il importait de faire placer sous les « sceaux les titres et effets du monastère, ainsi qu'il « est de coutume dans pareilles occasions. »

Le jour, même le Sénat désigne le sénateur et conseiller Désery pour procéder à cette opération en l'assistance du Procureur général.

Les deux magistrats, accompagnés de spectable Jean-Louis Pointet, conseiller et secrétaire au Sénat, suivis chacun d'un valet (sauf le secrétaire), tous à cheval, partent immédiatement et couchent à Saint-Pierre d'Albigny. Le 9, ils vont à Tournon et s'arrêtent dans la maison que l'abbaye y possédait et où résidait d'habitude Dom Pierre Cornuty, procureur du couvent. Ils l'y trouvent malade de la fièvre. Sur sa déclaration qu'il ne détient aucun titre du couvent, et « attendu sa probité très-connue, sans autre informa- « tion, ni recherche, ils remontent tous à cheval, et « arrivent à Tamié vers midi. » A l'abbaye ils furent reçus par D. Benoît Billiemaz, sous-prieur et D. Joseph Moli faisant fonctions de procureur. Les religieux dirent aux délégués « qu'ils étaient prêts à se soumettre à toutes les volontés tant des magistrats que du roi, que cependant ils prenaient la liberté de représenter, afin de conserver leurs droits, qu'il n'était pas nécessaire de procéder à aucune saisie des effets et revenus de l'abbaye, et à l'inventaire des titres, le feu seigneur abbé étant religieux comme eux et n'ayant rien en propre. »

On donna acte aux moines de leur protestation, et on procéda néanmoins à la saisie des revenus et effets de l'abbaye qui furent mis sous la main et autorité du roi et du Sénat; D. Billiemaz et D. Moli furent établis économes.

Les archives furent visitées, et trouvées en ordre

après un examen minutieux; aussi la libre disposition en fut-elle laissée au religieux.

On procéda ensuite à l'inspection des bâtiments dépendant de l'abbaye. Les moulins, fort rapprochés de celle-ci, avaient été rebâtis deux ans auparavant, de fond en comble; ils étaient en très bon état ainsi que la scierie et le battoir.

Le *degré* qui était ruiné (en 1702) de la *tour à l'hôpital* avait été refait à neuf. Depuis la mort de l'abbé de Saumont (1701), la maison abbatiale avait été augmentée d'un appartement appelé l'appartement *des hôtes et des frères convers*, composé de trois étages. Le premier comprenait une salle à manger et quatre chambres pour les convers; le deuxième, une salle et trois chambres; le troisième, cinq chambres; outre la *tour du degré* à l'entrée du monastère (1).

Les Sénateurs constatèrent que le dessous de l'église était voûté, et contenait cinq charniers; que le carrelage de l'église et le perron au-devant avaient été faits depuis la visite du sénateur Favier (1702). On avait achevé l'église et les cloîtres, avec les voûtes au-dessous servant de caves; le jardin avait été miné, et le carrelage du parapet presque fait.

A quelque distance on travaillait à un autre grand bâtiment destiné aux écuries et greniers, et dont les voûtes et couverts était déjà faits en partie

La communauté se composait alors de onze religieux (2) (outre l'abbé décédé), de cinq frères convers : Philibert Devillard, Charles Brunier, Maurice Avet,

---

(1) La tour de l'escalier.
(2) Leurs noms se trouvent dans le procès-verbal qui suit.

Claude Girod, Antoine Plautier, et de quatre oblats : Claude Champron, Jacques Terrou, Jean Corrier, Michel Berlio. Elle avait vingt six valets recevant entre tous un salaire de deux cent neuf ducatons et demi, et consommant par semaine cinquante quartes de froment, tant pour la communauté que pour l'aumône.

« Vu le bon état des choses, » les religieux demandèrent main levée de la saisie ; mais sans s'expliquer à ce sujet, les sénateurs se contentèrent d'accepter le cautionnement de Mᵉ Jean - Baptiste Excoffier des Combes de Seytenex qui répondit de la bonne gestion des revenus par les moines désignés comme économes.

Pendant ce temps le premier président de Tencin avait informé Louis XIV de la vacance produite par le décès de D. Cornuty, et le 28 août il recevait la réponse suivante : « M. Tencin, ayant bien voulu per-
« mettre que les religieux de l'abbaye de Tamié en Sa-
« voie, ordre de Cisteaux, procédassent à l'élection
« d'un nouvel abbé à la place du père abbé Cornuty qui
« est décédé depuis peu, je vous écris cette lettre pour
« vous dire que vous ayant choisi en qualité de mon
« commissaire pour assister à la dite élection, mon
« intention est que vous vous rendiés à la dite abbaye
« de Tamié et y présidiés à l'élection qui s'y doit faire
« d'un nouvel abbé vous recommandant de tenir la
« main qu'en la dite élection il y ait une entière li-
« berté des suffrages et qu'il n'y soit admis que des
« sujets de ma domination et affectionnés au bien de
« mon service, et la présente n'étant pour autre fin,

« je prie Dieu qu'il vous aye, Monsieur Tencin, en sa
« sainte garde.

« A Versailles, le 28 août 1707, signé Louis, et plus
« bas : Chamillard. — A monsieur de Tencin, con-
« sellier en mes conseils, président au sénat de Sa-
« voie. »

Pour obéir à cet ordre M. de Tencin se rendit à Tamié le 30 octobre 1707, donna connaissance aux
moines de la lettre à cachet du roi, en ayant soin de
leur faire remarquer que s'ils avaient toute liberté de
suffrages, ils ne devaient admettre à l'élection qu'un
sujet du roi, affectionné au bien de son service. L'élection fut faite en présence d'un notaire qui en dressa
l'acte authentique suivant :

Acte de nomination et élection du R^d abbé de Tamié.

Au nom de Dieu, amen. L'an mil sept cent et sept
et le trente un du mois d'octobre, scachent tous pré-
sents et advenir, que pardevant moy notaire royal
collégié, et présens les témoins cy après nommés, se
sont établis et constitués en personnes les dévots et
révérends religieux de l'abbaye de Tamié au duché
de Savoye, diocèse de Tarentaise, de l'ordre de Cisteaux et réformé, sçavoir : R^d Dom Pierre Cornuty,
prieur et procureur, R^d D. Jean François Reydellet,
R^d D. François Verdet, D. Joseph Martin, D. Benoît Billiemaz, sous prieur, D. Joseph Allard, sacrestain, D. Jacques Pasquier, D. Joseph Pasquier, chantre, D. Joseph Molly, sous procureur, D. Joseph Chiron et D. Jean Curton, tous capitulairement assemblés
à leur manière accoutumée, lesquels m'auraient re-

présenté qu'ensuite du décès arrivé le quatrième du
mois d'août dernier de révérendissime D. Jean-François Cornuty, religieux du même ordre et abbé de Tamié, vicaire général du même ordre en Savoye, dernier possesseur paisible de la dite abbaye, il leur convenait de procéder à l'élection d'un autre abbé à sa
place, suivant le droit et pouvoir à eux accordé par
les constitutions et règles de leur ordre, et quoy dési-
rant satisfaire et ensuitte de la permission à eux accordée par S. M. ainsy que par sa lettre à cachet du 28
aoust dernier signée Louis et plus bas Chamillard,
de s'assembler à cet effet aux fins de procéder à l'élection d'un abbé qui soit religieux du dit Ordre et de ses
sujets, qui puisse dignement occuper cet honneur suivant les intentions de sa ditte Majesté à eux notifiées de
sa part par illustre seigneur Messire François de Guérin de Tencin, chevalier, seigneur de Tencin, de
Frauge, de Brignon et plusieurs autres places, conseiller du Roy dans ses conseils, président à mortier
au parlement de Grenoble, premier président au souverain Sénat de Savoie, président en la présente élection en qualité de commissaire de la ditte Majesté suivant sa ditte lettre à cachet dont en a été fait un extrait
par moy signé et collationné peu après le présent suivant les réquisitions des dits religieux, à quoy dési-
rant satisfaire et ne pas laisser plus longtemps la dite
abbaye en viduité afin d'y conserver la pureté de la
règle qui s'y observe exactement par la miséricorde
de Dieu, ils auraient procédé à la ditte élection sous
la présidence du dit R. D. Pierre Cornuty prieur
moderne ensuitte de la commission à luy adressée

par le R^me seigneur abbé de Cisteaux, général du dit
Ordre, ainsy que conste par patentes du 26 septembre
proche passé deument selées, signées Fr. Nicolaus,
abbas generalis cisterciensis, et plus bas Petrus Hen-
riot secretarius, suivant et à forme de leurs statuts,
en conformité des quels et du chapitre *quia propter*,
dont lecture a été faite en plein chapitre, après avoir
unanimement convenus que la ditte élection se ferait
par le scrutin, ils y ont de leur gré et pleine
liberté, procédés, ayant en cela observé toutes les formes prescrittes par leurs dittes constitutions, presté
tous les uns après les autres le serment en tel cas
requis, et se seroit trouvé que R^d D. Arsène de Jouglas religieux de l'étroicte observance de l'ordre de
Cisteaux profès de l'abbaye de la Trappe prieur du
monastère de Notre-Dame de Buon Solazzo des dits
ordre et observance dans la Toscane, auroit été éleu
par la pluralité des voix ainsi qu'a consté à moy dit
notaire par le rapport qu'en ont fait les dits R. R.
D. D. Joseph Martin, Benoit Billiemaz et Jacques
Pasquier, qui ont été nommés scrutateurs deument
assermentés aussi bien que je dit notaire et témoins
en fin nommés, à forme de leurs mêmes constitutions, laquelle election ayant été publiée au dit chapitre et trouvée agréable à tous les dits religieux de
la ditte communauté du dit Tamié, m'en ont requis
acte que je leur ay accordé par le présent pour leur
servir et valoir ainsy que de raison.

Fait et prononcé dans le chapitre du dit Tamié en
présence du dit seigneur premier président de Tencin,
Me Jean-Baptiste Excoffier notaire royal des Combes

paroisse de Sexteney et de M. Jean Guichard Audé
de Faverge bourgeois d'Annecy témoins requis, tous
lesquels révérends religieux, et le dit seigneur de
Tencin de même que les témoins ont signé sur l'original; et je dis notaire de ce requis ay le présent
expédié en faveur de la communauté de Tamié,
bien que d'autre main soit escript. — Perret notaire.

Le 13 Janvier 1708, frère Nicolas Larcher, Abbé de
Citeaux, docteur en théologie dans la faculté de Paris,
premier conseiller-né du roi très-chrétien au suprême
parlement de Bourgogne, supérieur général de l'ordre
de Citeaux, souhaite de nombreuses années de règne
(regiminis) à D. Arsène Jouglas et confirme son
élection.

Le 22 juin 1708 le nouvel abbé est installé à Tamié
est mis en possession de cette abbaye.

Voici le procès-verbal de cette cérémonie :

Au nom de Dieu, amen. A tous presents et avenirs
soit notoire que ce jour d'huy, 22 Juin 1708, environ
les neuf heures du matin par l'ordre de R. père Dom
Pierre Cornuty, prieur de l'abbaye de Tamié ordre
de Cisteaux diocèse de Tarentaise en Savoye, commissaire étably par monseigneur le Révérendissime
Abbé général de Cisteaux, père immédiat de la ditte
Abbaye de Tamié, par sa lettre escritte de Cisteaux
du 9 May dernier à luy adressée, tous les religieux de
la ditte abbaye se sont assemblés dans leur chapitre
au son de la cloche à l'accoutumé en la présence de
moy Bernardin Perret notaire collégié de Verrens,
Me Jean-Baptiste Excoffier, notaire royal des Combes

de Tamié paroisse de Seytenex et d'honorable Jean Guichard Audé, marchand, bourgeois d'Annecy, ont personnellement comparus par devant nous notaires et témoins le R. D. Arsène de Jouglaz, religieux de l'étroitte observance de l'ordre de Cisteaux profès de l'abbaye de la Trappe, prieur du monastère de Notre Dame de Buon Solazzo des dits ordres et observance et éleu abbé de la ditte abbaye de Tamié par acte du 31 du mois d'octobre dernier par moy dit notaire signé, D. François Verdet, D. Joseph Martin, D. Benoist Billiémaz, sous prieur et cellerier, D. Joseph Allard, sacrestain, D. Jaque Paquier, D. Jean Joseph Paquier, chantre, D. Joseph Molly, sous procureur, D. Joseph Chiron et D. Jean Curton, tous religieux profès de la ditte abbaye, s'estant assis chacun selon leur ordre, le R^d Pierre Cornuty prieur et commissaire m'a requis et les susdits témoins de nous rendre attentifs à toute la cérémonie pour laquelle il a esté commis et le tout réduire fidellement par escript çe que je, dit notaire, ay fait comme s'ensuit :

Ayant esté faite la lecture du chapitre de la règle : *qualis debeat esse abbas*, le révérend commissaire a parlé à la communauté et aux assistants et leurs a exposé le sujet de sa commission et expliqué le susdit chapitre de la ditte règle; ensuitte il a appelé le chantre qui a leu par son ordre la lettre susditte du révérendissime abbé de Cisteaux et l'acte de confirmation par patentes du 13 Janvier dernier, et ayant répondu *Deo gratias*, il a déclaré le susdit éleu véritable Abbé du monastère du dit Tamié, comme s'ensuit : « Nos « frater Petrus Cornuty prior hujus monasterii, aut

« horitate reverendissimi domini nostri Abbatis gene-
« ralis qua fungor, confirmo vobis in abbatem hujus
« monasterii,hunc prœsentem dominum Arsenium de
« Jougla ipsum que præficio in nomine patris et filii et
« spiritus sancti.» Le chœur ayant répondu : Amen,le
susdit éleu s'est mis à genoux devant le susdit commissaire et a leu à haute et intelligible voix le jurement suivant : Ego frater Arsenius de Jouglaz cano-
nice electus in abbatem hujus monasterii Beatæ
Mariœ de Stamedio ordinis cisterciensis et confir-
matus, juro et bona fide promitto quod possessiones
ad meum monasterium pertinentes non vendam nec
donabo, nec impignorabo, nec de novo infeodabo, vel
aliquo modo alienabo, nisi prout continctur in bulla
Benedicti papœ duodecimi, — et ayant touché, les
mains étendues, le texte des Evangiles sur les genoux
du dit commissaire, il a ajouté : Sic Deus me adjuvet
et hœc sancta Dei evangelia.

Le jurement ayant été fait,et le sacrestain ayant présenté au susdit commissaire les clefs de l'église dans
un bassin, le dit commissaire y a jetté le seau du def-
funt, et ayant pris le dit seau avec les dittes clefs avec
la main droitte, il les a donné au susdit éleu en disant:
ego frater petrus Cornuty commissarius reverendissimi domini nostri abbatis generalis per hujus sigilli
et harum clavium traditionem regimen ipsius tibi ple-
narie tanquam vero illius abbati commito in nomine
patris et filii et spiritus sancti, — et le chœur ayant répondu Amen, le susdit commissaire a ordonné à tous
les susdits religieux de promettre obéissance à leur
nouveau abbé selon les constitutions de leur ordre et à

la manière accoutumée, et ayant fait asseoir le susdit
éleu à la place deue à l'abbé, le susdit commissaire,
comme religieux et prieur du dit Tamié, a promis la
susdite obéissance, et les susdits religieux les uns
après les autres, selon leur ordre, se mettants à genoux devant luy et mettants leurs mains joinctes entre
les siennes dans les termes suivans : « reverende pater
« ego promitto tibi obedientiam secundum regulam
« sancti benedicti usque ad mortem, » — et le dit éleu les
ayant embrassé et baisé en leur répondant : « det tibi
« Deus vitam œternam ; » — ensuite le chantre a com-
mencé le répond : *Audi Israël,* et sont tous allés processionnellement chantant à l'église au son des cloches
où le susdit commissaire a installé l'éleu à la place
de l'abbé et le répond ayant été chanté, et le cantique
Te Deum laudamus le susdit commissaire ayant dit
quelques oraisons sur le dit éleu, ils sont tous retour-
nés dans le chapitre suivis de nous notaire et des
témoins, où ayant achevé le présent instrument et
iceluy prononcé par moi dit notaire, ils ont tous sous-
crits et signés sur l'original, et, de ce requis, ay le
présent expédié en faveur du dit seigneur abbé. —
Perret, notaire.

Le 18 juillet, l'abbé de Jouglaz demande au Sénat
la main-levée de la saisie des biens et revenus de l'abbaye mis sous la main du Roi au décès de l'abbé Jean
François Cornuty. Sur les conclusions favorables du
Procureur général, le Sénat ordonne que ces biens
lui seront remis. La nécessité de cet arrêt prouve, con-
trairement à l'opinion de M. Burnier, qu'à leur dé-

part de Tamié, l'année précédente, les sénateurs n'avaient pas levé la saisie opérée par eux en arrivant, ou bien que le Sénat les avait désapprouvés et en avait ordonné le maintien.

Le même écrivain dit encore que les moines agirent en toute liberté en élisant D. Arsène de Jouglaz, mais cette appréciation ne semble pas exacte. Il est difficile, en effet, d'admettre que s'ils s'étaient vraiment sentis libres, les moines n'eussent pas élu abbé l'un des leurs, comme en 1702 ; — au lieu de nommer un toulousain, prieur d'un couvent de Toscane.

Le premier président leur suggéra sans doute ce choix, et ils crurent prudent d'y adhérer. Le mécontentement de plusieurs d'entre eux ne tarda pas à se manifester ; il était si vif, six mois après encore, que le 3 juin 1708 l'abbé de Jouglaz écrivait de Marseille «qu'il
« ne manquait ni de foi ni de courage pour aller jus-
« qu'au bout, mais qu'il est disposé comme un autre
« Jonas à être jeté dans la mer s'il le faut pour apaiser
« la tempête qui s'est élevée à son occasion. »

Dom Arsène surmonta assez facilement les difficultés auxquelles il fait allusion et qu'il attribue ailleurs à un concurrent évincé. Ce dernier, qui ne voulait pas s'astreindre aux pratiques rigoureuses de l'étroite observance imposées par l'abbé, s'était échappé du couvent et réfugié à Chambéry. Il l'y fit arrêter et ramener à Tamié par quatre soldats. Cet acte de rigueur exercé sur un vieillard dut mettre fin à toute résistance.

Le principal évènement du gouvernement d'Arsène de Jouglaz fut la réception à Tamié de Victor-Amédée

II, de sa cour et d'une escorte de quatre cents soldats. Le duc de Savoye passa vingt quatre jours à l'abbaye, du 18 août 1711 au 11 septembre, pour s'y reposer des fatigues de la guerre, et s'y livrer à des pratiques de dévotion. Les sentiments bienveillants qu'il témoigna aux religieux ne l'empêchèrent pas de revendiquer énergiquement le droit de nomination de l'abbé qu'il croyait posséder.

D. Arsène de Jouglaz mourut à Tamié le 24 mai 1727. Plusieurs jours avant son décès, le ministre Mellarède écrivait au premier président Saint-Geoges d'avertir les moines de ne rien *innover* au sujet de l'élection de son successeur jusqu'à ce que le roi eut donné ses ordres. Trois mois après, Victor-Amédée II nommait abbé D. Jacques Pasquier, excellent religieux d'ailleurs; et, d'accord avec l'abbé de Citeaux, l'imposait à la communauté. Elle protesta, mais sa délibération fut cassée par le Sénat.

(Archives du Sénat de Savoie.)

Comme complément de cette lecture, je vous présente les empreintes de trois sceaux de l'abbaye.

Le premier est un sceau de 55 millimètres de haut sur 44 de large, il porte cette légende : *Sigillum vicarii natio. Sabaudiœ*; au milieu, St-Benoit nimbé. C'était le sceau que les abbés de Tamié employaient lorsqu'ils agissaient en qualité de vicaires généraux de l'ordre de Citeaux, fonctions qui leur étaient très-habituellement déléguées, mais qui parfois ont été données à d'autres abbés ou prieurs, tels que Philibert de Cerizier, prieur de Chesne le 16 septembre

1673, et Jean de Troge, prieur de l'abbaye d'Avey en 1706, pendant la maladie de l'abbé D. Cornuty.

Le deuxième est aussi ovale; il a 40 millimètres de haut sur 35 de large. Légende : *Sigillum beatœ mariœ stamedii*; type : la vierge debout tenant dans son bras droit l'enfant Jésus, et, de la main gauche, un sceptre. La Vierge et l'enfant ont une couronne radiée. Ce sceau est au bas d'une commission du 7 août 1693. Ces deux sceaux sont décrits dans la Sigillographie de la Savoie, de MM. Rabut et Dufour.

Le troisième est un sceau rond, de 25 millimètres, sans légende. Sur l'écu un pélican, surmonté d'un chevron, allusion à la fondation de Tamié par la famille de Chevron; à droite et à gauche et au-dessus de l'écu, la crosse et la mitre. Le sceau est au bas d'une commission donnée, en 1667 par l'abbé D. Jean-Jacques Bourbon.

François MUGNIER,
Conseiller à la Cour d'appel de Chambéry,
Président de la Société Savoisienne
d'histoire et d'archéologie.

NOTICE HISTORIQUE

SUR

la famille seigneuriale de Chevron-Villette (Savoie)

Messieurs,

Un sentiment patriotique bien légitime m'a porté à recueillir les précieux souvenirs que divers historiens et quelques traditions locales nous ont laissés sur l'ancienne famille seigneuriale qui a donné son nom à ma paroisse natale; dont le château féodal subsiste encore au centre du chef-lieu de Chevron, et dont plusieurs membres ont illustré notre pays dans le moyen-âge.

Après quelques mots sur les origines et le développement de cette noble famille, je rappelerai brièvement ce que la chronique nous dit sur quelques-uns des principaux personnages issus de cette illustre maison, et spécialement sur sa coopération directe à la fondation de l'abbaye de Tamié.

I.

D'après les étymologistes le nom de *Chevron* vient de *Capræ* ou *Capridunum*, colline de la *Chèvre*, parce que l'antique château fort, appelé aujourd'hui *Château-Vieux,* était bâti au sommet d'un charmant monticule entouré de broussailles et d'arbrisseaux très convenables pour le pâturage des chèvres, *capreæ.*

Dans les chartes du moyen-âge, ce nom fut transformé en celui de *Chabredun*, *Chipvron* et enfin *Chivron* et *Chevron* (1).

Cette étymologie est très-bien confirmée par le Cimier de la famille de Chevron, qui porte un bouc, ou chevron issant de sable, accolé d'une couronne ducale.

Selon Grillet et plusieurs autres chroniqueurs, ce château-fort aurait été bâti par les Allobroges devenus maîtres du pays, plusieurs siècles avant l'ère chrétienne. Il dominait une bourgade ou ville Allobrogique appelée *Civaro* par les historiens romains, et bâtie probablement sur l'emplacement actuel de Saint-Sigismond, ou mieux de *Chevron* qui serait l'ancien *Civaro* « dont on s'obstine à corriger l'ortographe, pour en faire *Cularo*, Grenoble », comme l'observe M. Victor de Saint-Genis (2).

Après des luttes plus que séculaires, vaillamment soutenues contre les légions romaines, les fiers Allobroges furent obligés de se soumettre à la force du nombre. Le château-fort de *Civaro* fut pris par les Romains, qui y établirent un gouverneur.

Pendant les guerres civiles qui précédèrent l'avènement de l'empereur Auguste, le pays des Allobroges fut le théâtre de faits militaires importants, dont l'un se rapporterait à notre château de *Civaro*, selon plusieurs chroniqueurs.

L'an 43 avant J.-C., Decimus Brutus, poursuivi par

(1) Ducis : *questions archéologiques*, page 182. — (2) Hist. de Savoie, tom 1er page 99. D'après le même auteur, *Mercury* ou Chevron actuel, aurait été un centre ou ville proconsulaire, sous les Romains ; tandis que St-Sigismond serait une ville Burgonde de date plus récente (ibid. p. 147).

Antoine et Lépide, traversa les Alpes et le pays des Centrons, — la Tarentaise, — qui ne lui livrèrent passage qu'après avoir obtenu le payement d'une forte redevance (1). Arrivé *ad publicanos*, — aux environs d'Albertville, — il aurait investi le château fort de de *Civaro*, qui avait alors pour gouverneur Munatius Plancus, ami de Cicéron, et allié en ce moment avec Antoine et Lépide, quoiqu'il devint plus tard leur adversaire. Dès que ceux-ci eurent atteint l'ennemi qu'il poursuivaient, ils chargèrent un soldat allobroge d'avertir Plancus du jour où une attaque simultanée serait dirigée contre Decimus Brutus.

Au jour marqué, tandis qu'Antoine et Lépide attaquaient Brutus d'un côté, Plancus fit une vigoureuse sortie, et l'armée de Brutus fut taillée en pièces. La chronique porte même le nombre des morts à 60,000 hommes.

Il est vrai que M. Léon Ménabréa (2), trop tôt ravi par la mort aux études historiques sérieuses, démontre assez solidement qu'il ne s'agit point ici de Chevron et de son château fort, mais de Grenoble et de sa forteresse. Cet auteur prétend que les chroniqueurs ont été induits en erreur par une fausse lecture du lieu d'où sont datées les lettres que Munatius Plancus adressait à son ami Cicéron, des confins du pays des Allobroges : *ex finibus Allobrogum* (3), et qu'il faut lire : *é Cularone,* de Grenoble, au lieu de *é Civarone,* de Chevron.

---

(1) V. de St-Genis : hist. de Savoie, tom 1, page **101**. — (2) Marche des études, p. 40. — (3) Epist. lib. III : epist. 15, 18, 21 ; et lib. X. epist. XXIII.

Quoiqu'il en soit de ce point historique sujet à discussion, il est certain que l'ancien château fort de Chevron, appelé vulgairement *Château-Vieux* a été d'une grande importance stratégique dès la plus haute antiquité, à cause de sa position exceptionnellement avantageuse pour la défense. De grands travaux de terrassements ont dû être exécutés à diverses époques sur ce charmant monticule, qui domine la vaste plaine d'Albertville, ainsi que les nombreux côteaux étagés en amphitéâtre qui forment aujourd'hui la commune de Mercury-Gemilly. Il pouvait ainsi offrir un séjour aussi agréable qu'inexpugnable aux différents seigneurs successifs de ce beau pays.

Situé sur un monticule de forme ovale s'étendant du sud-ouest au nord-est sur une longueur de 220^m et une largeur de 90^m de l'est à l'ouest, l'ancien Château-Vieux dominait toute les vallées environnantes. En partant de la station *ad publicanos* — Albertville — on y arrivait par une montée assez rapide traversant les villages des Villards, Lestanches et les Granges, situés sur des monticules servant comme d'avant-postes. L'ancien chemin, encore bien marqué aujourd'hui, contournait ces divers coteaux sur le côté ouest et se prolongeait vers le nord. L'entrée principale était vers le sud, en face de la maison actuelle de M. Belat, où existait une maison dépendante du château. Deux tours distante d'environ 40^m l'une de l'autre défendaient la première enceinte et l'entrée principale; les vestiges de celle de l'ouest sont encore indiqués par un meurger considérable de pierres, et la tour du sud est incorporée à la maison fermière

actuelle. Les restes du mur formant la première
enceinte et l'entrée principale mesurent 1,50 d'épaisseur, ainsi que tous les autres dont on retrouve les
anciens vestiges complets.

On distingue encore parfaitement aujourd'hui les
deux enceintes circulaires qui précédaient le donjon
principal, ou citadelle du côté du sud-ouest; la première mesure 33 mètres de largeur, et la seconde, ef-
facée par les débris de démolition, mesure environ 12
mètres. Au-dessus de ces enceintes s'élève le monticule en forme de cône tronquée, sur le sommet duquel
se trouvaient l'habitation principale, ou le château,
ainsi que le donjon ou citadelle. On y arrivait par un
chemin tournant, partant de la maison actuelle de M.
Belat, du sud au nord; les murs de soutainement de
ce chemin sont encore visibles actuellement, au moins
en partie; ils mesurent 1 mètre 50 d'épaisseur.

Le plateau où s'élevaient le château et le donjon
principal mesure 90 mètres de circonférence; il est de
forme parfaitement circulaire. Vers le centre on trouve
les bases de la citadelle, tour carrée de 6 mètres de
côté. Il subsiste vers le nord deux pans de murs d'environ 6 mètres de hauteur, entre lesquels existe encore
le demi-arc d'une large fenêtre. Le château était flanqué de deux autres tours dont les vestiges sont visibles du côté du nord et du sud, en dehors des murs
d'enceinte.

Un autre donjon ou citadelle, environné de trois
enceintes bien distinctes, s'élevait du côté nord-est, à
la distance d'environ 120 mètres des murs d'enceinte
du premier; il était un peu moins considérable que

celui-ci, et les débris en sont complètement enfouis. Des excavations habilement dirigées amèneraient certainement de précieuses découvertes. Il y avait probablement des tours qui en défendaient l'approche du côté de Chevronnet et du Chozal; mais il n'en reste presque pas de vestiges. L'espace qui séparait les deux citadelles servait probablement de cours basses, et de champ de manœuvres, ainsi que le vaste plateau qui s'étend vers le sud-est. Une ancienne tradition porte que l'on communiquait de l'une à l'autre de ces citadelles par un souterrain creusé dans une couche schisteuse, dont il serait peut-être possible de retrouver la trace.

Une citerne ou réservoir d'eau, était creusé au bas des murs de la seconde enceinte, au nord-est du donjon principal; elle est encore figurée sur l'ancien cadastre, mais elle est maintenant complètement comblée. Une antique fontaine creusée dans le rocher se voit encore un peu plus bas du côté du levant, et fournit de l'eau, surtout pendant les saisons pluvieuses; elle ne paraît pas être alimentée par une source continue.

La forme des murs faits de moëllons disposés par assises régulières; la nature du ciment plus dur que la pierre qui lie ces moëllons, et qui a résisté à toutes les intempéries du climat pendant tant de siècles; la quantité de briques d'une couleur rouge-noire, d'une dureté exceptionnelle, qui entrent dans la structure de tous les murs dont il reste des vestiges, pourraient peut-être servir d'éléments pour déterminer l'époque de ces anciennes constructions. Les pierres et les briques calcinées qui s'y trouvent en grand nombre, indiquent évidemment que cet immense château a été détruit par le feu.

Il serait à désirer que des archéologues habiles pussent consacrer du temps et de l'argent pour diriger des fouilles sérieuses, qui amèneraient certainement des découvertes précieuses pour l'histoire.

On peut encore observer à Lareignier et au Creuset deux maisons qui portent des marques visibles de structure antique, et qui étaient probablement des dépendances du Château-Vieux.

J'ai remarqué au levant du donjon principal une ancienne pierre finement taillée qui servait de couronnement à une fenêtre; et il en existe une autre parfaitement identique vers le nouveau château féodal de Chevron : ce qui confirmerait la tradition qui assure que le château de Chevron a été construit avec les débris du Château-Vieux.

Il est d'ailleurs notoire dans le pays qu'un grand nombre de propriétaires ont employé les anciens débris de ce château pour construire les maisons particulières des environs. Cette espèce de vandalisme, regrettable pour l'histoire, explique suffisamment pourquoi il reste trop peu de matériaux utiles à la chronique du pays.

On vient de construire, dans ces dernières années, sur le côté sud de ce célèbre monticule, la batterie, ou redoute dite du *Château-Vieux*, à la suite de laquelle se prolongent les redoutes des Granges et du Cristaret, destinées à protéger le fort du Villard, terminé en 1878.

Au moyen-âge, la famille seigneuriale de *Chevron*, qui fait l'objet spécial de cette *notice*, reçut du roi de Bourgogne l'investiture de la *Baronnie de Chevron*, qui était alors une des quatre grandes baronnies du comté de Savoie. Le P. Compain, jésuite, qui a examiné avec soin les archives de cette maison seigneuriale, affirme qu'elle tire son origine de Wiffred, seigneur de Chambéry, qui mit son sceau à la fondation du prieuré de Lémenc, faite par Rodolphe III, roi de Bourgogne, en 1050. M. le marquis de Costa, dans ses *Mémoires* (1), prétend au contraire que la famille de Chevron est une des cinq branches de la maison de Valpergue, issue de la race royale des anciens marquis d'Yvrée. Ce qu'il y a de certain, c'est que la maison de Valpergue fut héritière de la Baronnie de Chevron, au 18ᵉ siècle, comme nous le verrons plus tard.

Dès que la domination des rois de Bourgogne eut pris fin sur notre pays, la grande baronnie de Chevron devint une terre dont le fief et la juridiction relevait immédiatement de l'empire d'Allemagne. Amédée V, comte de Savoie, qui voulait dominer seul dans ses états, l'acheta des seigneurs de Chevron en 1301 ; il la réinféoda à cette même famille par acte du 5 mars 1306, déposé dans les archives de Turin (2)

L'ancien château fort ou *Château-Vieux*, ayant été pris d'assaut et démoli en 1335, par Hugues, dauphin de Viennois et baron du Faucigny, les seigneurs de Chevron firent bâtir un château féodal, qui se voit encore aujourd'hui au centre du petit bourg de

---

(1) Tom. 1ᵉʳ pages 64 et 185. — (2) Grillet : Dictionn. histor. — art. *Chevron*

Chevron. Ce vaste édifice, très-bien conservé, grâces aux restaurations intelligentes opérées ces dernières années par M. Dunand, son propriétaire actuel, mérite de fixer l'attention des archéologues. Il est divisé en deux parties bien distinctes; la partie du levant est évidemment de construction moderne, mais la partie ouest, qui est la principale, conserve plusieurs cachets d'antiquité féodale. On y voit les meurtrières pratiquées aux différents étages de la grande tour; les larges fenêtres divisées par de belles pierres taillées et disposées en forme de croix; l'entrée principale, surmontée des armoiries de la famille de Chevron, et le grand escalier tournant présentent un aspect grandiose. Deux tourelles avancées s'élevaient sur les côtés nord-ouest et sud-ouest, à quelques vingt mètres de distance du château; elles sont démolies depuis quelques années.

Une chapelle en l'honneur de sainte Catherine était érigée dans l'enceinte des murs qui entouraient le château; elle n'appartenait plus au culte en 1791, comme l'indique l'acte de visite pastorale du 23 mai de cette même année.

Les restes de ce petit et élégant sanctuaire se voient encore dans la tour ronde située à 10^m de l'angle sud-est du château, où se trouvait l'ancienne entrée principale. Il mesurait 4^m 50 de diamètre dans l'intérieur; la voûte en forme de dôme est divisée par huit arêtes disposées en ogives; le sommet est orné d'une espèce de rosace très-saillante. On y remarque la place de l'autel, ainsi que les traces d'une frise circulaire peinte à la naissance du dôme. La fenêtre romane existe encore, mais l'ancienne porte a été détruite pour faire place à une cheminée récente.

Les prisons féodales, ainsi que les caves et les écuries se trouvaient dans l'ancienne maison située au nord, à 40ᵐ du château.

Le plateau au centre duquel était bâti ce château féodal portait anciennement le nom de *Mercer*, *Mercœur*, *Mercury*, parce qu'un temple y avait été érigé par les Romains au dieu Mercure, comme l'indiquent évidemment diverses inscriptions trouvées dans les environs (1). Devenu le séjour habituel de la famille seigneuriale de *Chevron*, ce petit village en prit dès lors le nom ; mais la petite paroisse dont il était le centre conserva celui de Mercury, jusques vers la fin du 18ᵉ siècle, que le nom de *Chevron* commença à être appliqué à toute la paroisse, dans les actes de visites pastorales. L'ancienne paroisse de Gimilly, dépendante primitivement de celle de Gilly, ayant été réunie à celle de Mercury depuis la grande Révolution, le nom de *Mercury-Gemilly* fut donné à la nouvelle *commune* formée par la réunion de ces deux anciennes paroisses, et le nom de *Chevron* resta plus spécialement affecté à la *paroisse* actuelle, qui conserve ainsi le nom de son chef-lieu, en même temps que celui de ses anciens seigneurs.

Vers l'an 1100 la noble famille de Chevron s'allia par un double mariage à celle des seigneurs de Villette en Tarentaise, et prit dès lors le titre de maison de *Chevron-Villette*. Ces deux familles unies jouissaient

---

(1) Ducis : quest. archéol. p 181.

d'une très-grande considération. Les seigneurs de Briançon, si puissants dans la Tarentaise, les reconnaissaient pour leurs suzerains ; les princes de Savoie et de Genève ne dédaignèrent point leur alliance. En 1430, Rolet de Chevron-Villette était au nombre des grands barons de Savoie qui firent hommage de leurs terres au duc Amédée VIII. En 1570, la seigneurie de Tournon était érigée en comté en faveur du baron de Chevron (1). Cette même famille posséda la seigneurie de Rumilly en Albanais, et plusieurs terres en Valais. Une branche s'établit en Bugey, d'où descendirent les seigneurs de la Couz et de St-Pierre de Soucy (2).

D'autres branches possédèrent les seigneuries de Pontverre et d'Aigle ; de Puits-Gauthier, Puteville, Montfalcon, Chignin et Clermont en Savoie ; celles de Marciez, Giez, Thénésol, Marthod, Bonvillard, Arvillard, les Molettes, Corsinges en Chablais. Elle compta aussi parmi ses membres les barons de l'Orme, les comtes de Montjoye, des Vidommes et sénéchaux de Sion, Ardon, Sierre, etc. etc. — Ses armoiries étaient *d'azur au chevron d'or chargé d'un chevron de gueules accompagné de trois lionceaux d'or, deux affrontés en chef et un en pointe.* Le Cimier portait *un bouc ou chevron issant de sable accolé d'une couronne ducale.* Ses devises étaient : IN ARDUIS ... ou ALTISSIMA QVERO (3).

On connaît les alliances de la maison de Chevron-Villette avec celle de Menthon, qui nous a donné

---

(1) Archives du Sénat de Savoie. — (2) Guichenon, 3ᵉ part. p. 246. — (3) M. de Foras : *Armorial de Savoie* : Chevron-Villette (de).

l'héroïque St-Bernard, et avec la famille de Sales qui nous a donné le saint évêque de Genève (1). Ces nobles et saintes alliances suffiraient déjà à illustrer la maison qui en fut jugée digne, bien plus encore que les vastes terres et les nombreuses seigneuries qu'elle posséda dans nos régions. Mais l'histoire va nous fournir des titres de gloire encore plus précieux pour cette noble famille, en la personne de plusieurs de ses membres, qui ont joué un rôle considérable dans l'Eglise et dans l'Etat. En effet l'illustre maison de Chevron-Villette peut se glorifier d'avoir donné un pape à l'église universelle; un évêque à l'église d'Hôste; quatre archevêques au diocèse de Tarentaise; quatre abbés au monastère de Tamié, et un grand nombre de guerriers et de dignitaires attachés à la cour des princes de Savoie (2). Disons quelques mots des principaux de ces personnages.

II.

Dans les dernières années du Xe siècle, Gérard de Chevron venait au monde dans l'antique château féodal dont sa noble famille avait reçu l'investiture des derniers rois de Bourgogne : de là le nom de Gérard le *Bourguignon* ou de *Bourgogne* sous lequel il est connu dans l'histoire. Le *Codex Regius*, d'accord avec le catalogue pontifical retrouvé à la bibliothèque vaticane, dit que Gérard était *allobroge* d'origine, et bourguignon, *burgundio*, de la Bourgogne transjurane. Il était moine de la congrégation de Cluny, lorsqu'il fut

---

(1) Million : St-François de Sales et le diocèse de Tar. p. 7 et suiv. — (2) Id. page 8.

nommé par le pape Victor II au siège archiépiscopal de Florence, devenu vacant en 1055 par la déposition d'un titulaire simoniaque (1).

Sa science profonde, la pureté de ses mœurs,et surtout son héroïque charité, plus encore que la noblesse de son extraction, lui méritèrent de parvenir à la plus haute dignité de ce monde. C'est le témoignage qu'a rendu de lui St-Pierre Damien, en affirmant qu'il était « lettré, d'un esprit vif, de mœurs pures,au-dessus de tout soupçon, fort aumônier » (2). Il était archevêque de Florence lorsque le pape Etienne IX venu en cette ville, tomba subitement malade et y mourut le 29 mars 1058. Peu de temps avant sa mort, le pape Etienne avait expressément défendu qu'il fut procédé à l'élection de son successeur avant le retour du cardinal Hildebrand, envoyé en mission extraordinaire en Allemagne.

Malgré cette défense formelle, plusieurs seigneurs romains , appuyés par une troupe de gens armés, élurent pape Jean, évêque de Vellettri, qui prit le nom de Benoît X. Cette élection faite par violence et contre les ordres précis du pape défunt, ne fut point approuvée par les cardinaux, qui n'y avaient pris aucune part. Dès que le cardinal Hildebrand fut de retour de sa mission, et qu'it eût appris l'élection violente faite contre les ordres du pape défunt, il s'arrêta à Florence, et ordonna qu'il fut procédé canoniquement à l'élection d'un nouveau Pape. Cette élection

---

1 Rohrbacher, hist. de l'Egl., tom. 14, p. 52. — 2 L'abbé Darras, hist. de l'Eg., tom. 21, p. 306.

se fit paisiblement dans la ville de Sienne, et Gérard, évêque de Florence, né dans le royaume de Bourgogne, fut élu Pape, et prit le nom de Nicolas II. L'élection de Gérard fut confirmée par les seigneurs, et spécialement par le roi d'Allemagne duquel la grande baronnie de Chevron relevait alors directement, comme nous l'avons dit précédemment.

L'anti-pape Benoît X, qui occupait injustement le Saint-Siège de Rome depuis dix mois, ayant appris l'approbation donnée à l'élection du nouveau pape, fut touché de remords, quitta le Saint-Siège et retourna en sa maison. Le pape légitime Nicolas II put ainsi entrer pacifiquement à Rome, accompagné des cardinaux et du duc Godefroi, au mois de janvier 1059.

Au mois d'avril de la même année Nicolas II tint un concile à Rome, dans le palais de Latran, où se trouvèrent réunis 113 évêques, avec plusieurs abbés, des prêtres et des diacres. Le pape ouvrit le concile par un magnifique discours sur la nécessité de prévenir, par de sages règlements, les graves abus qui avaient amené l'élection de l'anti-pape Benoît. Il fut statué que le Pape serait désormais élu d'abord par le collège des cardinaux, et que le clergé et le peuple donneraient ensuite leur adhésion à l'élection (1). C'est devant ce même concile que Bérenger, archidiacre d'Angers, désavoua les erreurs qu'il avait soutenues contre la présence réelle de J.-C. dans l'Eucharistie... etc.. etc.

---

1 Rohrbacher, hist. de l'Egl., t. 14, page 54.

Le pape Nicolas II déploya une énergie vraiment apostolique pour réprimer les graves désordres qui pénétraient alors jusques dans le sanctuaire, et surtout la simonie et l'immoralité. Il envoya des légats en Saxe, en Danemark, en Angleterre, en Espagne, pour présider divers conciles particuliers, maintenir la discipline ecclésiastique et propager la doctrine catholique.

Son élévation au souverain Pontificat ne diminua point l'esprit de patriotisme dans Girard de Bourgogne ; et tout en s'occupant activement des intérêts de toute l'Eglise catholique, il montra un zèle spécial pour l'Eglise de France et du royaume de Bourgogne. Aussi, un prélat bourguignon avait bien raison d'écrire à Nicolas II ces lignes patriotiques : « Vous « devez à notre royaume ce que les gens de bien « doivent à leur patrie. Vous nous faites honneur « par votre prudence et votre sainteté : c'est de notre « royaume que Rome vous a choisi, pour vous faire « son chef et le chef du monde. » (1)

En 1060, le roi d'Angleterre St-Edouard envoya une ambassade à Rome, avec une lettre adressée « Au Souverain Père de l'Eglise universelle, Nicolas, » dans laquelle le saint roi écrivait : « Nous glo- « rifions Dieu de ce qu'il a soin de son église élue ; « car à la place d'un bon prédécesseur, il a établi un « excellent successeur. Nous croyons donc juste de « recourir à vous, comme à la pierre solide, pour « éprouver toutes nos bonnes actions. » (2)

(1) Labbe, tom. 9, p. 1097. — (2) Rohrbacher, hist. de l'Egl. p. 74.

Nicolas II ne trouva pas le même esprit de respect et de soumission dans ses rapports avec les princes d'Allemagne, qui travaillaient alors à faire revivre le paganisme politique, en voulant être tout à la fois rois et empereurs, souverains pontifes et dieux, ne reconnaissant d'autres lois qu'eux-mêmes. Aussi les désordres de tout genre régnaient malheureusement dans les diverses églises de ce grand pays.

Pour remédier à tant de maux, le pape Nicolas II écrivit à l'archevêque de Cologne, et lui reprocha sévèrement les excès et les scandales qu'il autorisait par sa connivence ou sa complicité. Le roi et les grands du royaume furent tellement irrités de ces justes reproches qu'ils poussèrent l'audace jusqu'à déposer le pape, autant qu'il était en eux ; ils défendirent de réciter son nom au canon de la messe, et quelques évêques lui envoyèrent une sentence d'excommunication. Nicolas II fut si contristé par ces incroyables emportements, qu'il en mourût de chagrin, dans sa chère ville de Florence, le six du mois de juin 1061. Il avait gardé le siège épiscopal de Florence avec celui de Rome pendant tout son Pontificat, qui fut de deux ans et sept mois. Il fut sépulturé solennellement dans l'église de Sainte-Réparate, et resta célèbre dans l'histoire par l'ardeur de son zèle, la pureté de ses mœurs, et son héroïque charité. Saint-Pierre Damien rapporte que ce Pape ne passait pas un seul jour sans laver les pieds à douze pauvres; et que s'il n'avait pu faire cet acte de charité pendant le jour, il s'en acquittait pendant la nuit (1); il admettait ensuite ces

_____

(1) Rohrbacher, hist. de l'Egl. page 85.

pauvres privilégiés à sa table, et les servait de ses propres mains . (1).

Deux siècles après la mort de ce grand Pape, la famille de Chevron, unie à celle de Villette dès l'an 1100, avait encore l'honneur de donner un évêque à l'église d'Aoste. — Humbert de Chevron-Villette fut élevé au siège épiscopal d'Aoste en 1266. L'année suivante, de concert avec le chapitre diocésain, il dressa de sages constitutions pour régler la résidence des prébendés, ou vicaires. Il fut présent et mit son sceau à un accord entre Philippe, comte de Savoie, et les citoyens d'Aoste, conclu le 24 octobre 1271. En 1273, il accorda divers privilèges et franchises à ses sujets de la Val de Cogne. Le 16 septembre 1277, il confirma les statuts du Chapitre de sa cathédrale, et mourut peu de temps après (2).

Un siècle plus tard, un autre Humbert de Chevron-Villette, prieur du Chapitre de Tarentaise dès l'an 1361, fut élu archevêque de ce même diocèse le 21 décembre 1378. Il n'occupa le siège archiépiscopal de Tarentaise que pendant deux ans, et fut remplacé par Rodolphe de Chissé, le 5 avril de l'an 1381 (3)

Le 19 juillet 1482, Urbain, fils de Rodolphe seigneur de Chevron, abbé commandataire de Tamié, chanoine honoraire de Genève, fut élu évêque de Genève, par le Chapitre. Mais le pape Sixte IV ne crut pas devoir agréer cette nomination faite contre le gré du duc de Savoie, qui désirait voir arriver sur ce siège épiscopal un des membres de sa famille. Pour éviter un

---

(1) L'abbé Darras : hist. de l'Egl. tom. 21, p. 352. — (2) Besson, Mémoires, p. 254. — (3) Id. ibid. p. 214.

conflit, Urbain de Chevron quitta Genève, et le pape, pour le récompenser , le nomma archevêque de Tarentaise le 28 mai 1483, en remplacement du cardinal de la Rovère promu à l'archevêché de Turin. Il ne siégea que quelques mois, et mourût à Moûtiers le 9 novembre 1483 (1)

D'après une note laissée par le toujours regretté Vicaire-Général Million, un deuxième Urbain de Chevron-Villette aurait occupé, dans le siècle suivant, le siège archiépiscopal de Tarentaise ; mais Besson n'en fait aucune mention dans ses *Mémoires*, et je n'ai rien pu découvrir de précis sur ce troisième archevêque de Tarentaise sorti de la famille seigneuriale de Chevron-Villette. Dans ces temps reculés , cette noble famille a fourni plusieurs dignitaires au vénérable chapitre de Tarentaise : Louis de Chevron-Villette était chanoine-sacristain de 1386 à 1405 ; Georges de Chevron jouissait de la même dignité en 1444 ; un autre Louis de Chevron, chanoine, prenait part à l'élection de l'archevêque Claude de Château-Vieux en 1497. (2)

Enfin, le quatrième et le plus illustre archevêque que la famille de Chevron-Villette ait donné à notre diocèse, fut Benoît Théophile, qui occupa le siège de Tarentaise de 1633 à 1658, et sur lequel la chronique est moins avare de détails que sur ses prédécesseurs.

III.

Benoît-Théophile fils de noble et puissant seigneur

---

(1) Fleury : hist. de l'Église de Genève, tom. i, p. 304. — (2) Besson, Mémoires, p. 229 et 218.

Hector de Chevron-Villette, et de très-illustre dame Jeanne de Menthon, naquit à Turin, vers l'an 1585. Son père était alors attaché à la cour de Savoie, en qualité de gouverneur des Princes, premier Chambellan et grand-maître d'hôtel de leurs A. R. Charles-Emmanuel I, et Catherine - Michelle d'Autriche infante d'Espagne. Sa mère, aussi recommandable par ses vertus que par sa haute noblesse, résidait habituellement au château féodal qui subsiste encore au centre du chef-lieu de Chevron. Ce fut là que Benoît-Théophile passa les années de son enfance, et qu'il échappa à une mort presque inévitable. Le 21 septembre 1599, cet enfant, âgé d'environ 13 ans, monta au sommet de la plus haute tour du château ; de là, s'étant penché entre les créneaux, il tomba sur des pierres taillées amoncelées au bas de l'édifice. Sa mort eut dû être instantanée, mais sa pieuse mère qui, de la fenêtre de son appartement, l'aperçut dans sa chûte, le voua immédiatement à N.-Dame-de-Myans. Elle se précipite éplorée vers son fils, qu'elle a le bonheur de relever sain et sauf. Ce fait merveilleux est constaté par un ex-voto qui se trouve encore dans le vénéré sanctuaire de Myans.

Quelque temps après, Benoit-Théophile fut conduit à la cour de Turin, pour y être élevé sous les yeux de son père, avec les princes Philippe-Emmanuel, Victor-Amédée, Emmanuel-Philibert, Maurice et Thomas. Les dangers de la Cour, loin de nuire à sa vertu, ne firent que la consolider. La louable passion des lettres et des sciences s'était emparé de ce jeune et noble cœur; Benoît fut gradué docteur en droit à l'université de Turin, le 16 mars 1607, à l'âge de 22 ans.

C'était le moment de faire choix d'une carrière, et ses parents désiraient le voir entrer dans la magistrature, parce qu'ils avaient déjà deux fils aînés sous les armes. Mais les circonstances et l'esprit général de l'époque décidèrent Benoît-Théophile à essayer la carrière militaire. Le duc Charles-Emmanuel, allié à l'Espagne, combattait alors contre la France pour conquérir le marquisat de Saluces, Genève et la Provence. Aux bruits de guerre qui retentissaient en Savoie, le jeune Benoît s'enflamme et veut servir son prince dans l'armée. Peu de temps après son engagement, il se trouve impliqué dans une fâcheuse affaire, et il est provoqué en un duel que son caractère bouillant lui fait accepter. Il se rendait à toute vitesse au lieu du combat, lorsqu'il tombe de cheval et se brise un bras. On l'emporte chez lui et la fâcheuse affaire s'accommoda pendant les longs jours de sa convalescence.

Les souffrances amenèrent la réflexion ; les pensées de la foi, dont le cœur de Benoît avait été imbu dès son jeune âge, se réveillèrent, et il eut l'idée de quitter la carrière des armes, dans laquelle il s'était engagé contre le gré de ses parents. Mais cette pensée ne fit alors qu'effleurer son esprit; dès qu'il fut guéri de son bras, il obtint le grade de colonel d'un régiment en garnison à Chivas, place forte du Piémont. C'est là qu'un second coup de la grâce vint le frapper. Une nuit de Noël, il exerçait sa surveillance ordinaire sur les remparts; il entendit des religieux chanter les louanges de Dieu dans leur église, au milieu des fidèles réunis pour fêter la naissance du Sauveur. Des réflexions sérieuses vinrent alors assiéger son esprit; les aspirations à la vie religieuse qu'il avait eues dès son bas âge se ranimèrent, et il se décida à prendre conseil auprès d'une vénérable religieuse, qui l'engagea à entrer dans la carrière ecclésiastique. Avant de suivre ce conseil, Benoît voulut faire le voyage de Rome à pieds, sous un habit de pèlerin, pour examiner plus mûrement sa vocation. Arrivé dans la ville éternelle, il va solliciter la bénédiction du Pontife suprême; il est très-impressionné à la vue des monuments qui rappellent si éloquemment l'orgueil des Césars vaincu par l'humilité des Apôtres, et le christianisme trônant sur les ruines de l'idolâtrie. Mais cette émotion n'est encore que passagère; Benoît quitte bientôt ses habits de pèlerin, reprend ceux de sa qualité, et revenant de Rome aussi indécis que jamais, il se présente à la cour avec son enjouement ordinaire.

Cependant la Providence voulait achever son œuvre. Benoît-Théophile accompagnant un jour des dames au parloir d'un couvent, se trouva en face de la religieuse qui lui avait déjà conseillé d'entrer dans la carrière ecclésiastique, et qui lui reprocha alors charitablement son infidélité à suivre la volonté de Dieu. Cette douce réprimande ranima le courage de la jeune victime des attraits du monde, et fixa sa volonté. Sans plus tarder, Benoît se mit en retraite, et revêtit bientôt l'habit ecclésiastique. Vers l'an 1612, il se rendit à Annecy auprès de son cousin François de Sales, évêque de Genève, afin de perfectionner son éducation sacerdotale sous la tutelle de ce saint prélat, de ce directeur si habile. Le 20 septembre 1614, il reçut l'ordre du sous-diaconnat, et peu après il fut consacré prêtre à Annecy, des mains de son illustre parent.

Le duc Charles-Emmanuel le nomma bientôt doyen de l'insigne collégiale de N.-Dame d'Annecy, et le Pape l'honora du titre de protonotaire apostolique. Quelque temps après, le duc de Savoie le manda à la cour de Turin, en qualité d'aumônier de la Duchesse ; mais le jeune Doyen, qui avait abjuré tout intérêt humain en s'enrôlant dans la milice sainte, refusa cette haute position, donna sa démission de doyen, et entra comme novice dans l'abbaye de Talloires, monastère de l'orde de St-Benoît, situé sur les bords du lac d'Annecy.

Après avoir passé huit ans dans la pratique des austères vertus monastiques, Benoit-Théophile obtint de ses supérieurs la permission de faire une seconde fois le pèlerinage de Rome. Il contracta en route une espèce de lèpre qui le rendait insupportable à ceux qui l'approchaient ; il ne pouvait plus célébrer la sainte messe, et il fut obligé de mendier le pain du pauvre. Forcé de suspendre son voyage, il se retira chez une de ses sœurs mariée dans le duché de Modène, la marquise Amédée de Malespina, qui lui prodigua ses soins affectueux pendant dix-huit mois d'une cruelle maladie. Dès qu'il fut en convalescence, il se hâta de rentrer à Talloires, où il reprit tous les exercices du cloître.

En l'année 1630, la peste sévissait avec violence et décimait les populations de la Savoie. Dom Benoît-Théophile, devenu alors prieur claustral de Talloires,

sentit son cœur se briser en face de tant de maux. Il
ouvrit son monastère à tous les malheureux, et il
étendit sa charité dans tous les environs, prodiguant,
avec ses religieux, les soins temporels et spirituels aux
malades.

Une si grande charité et un si héroïque dévouement déterminèrent le duc Charles-Emmanuel à choisir Dom Benoît Théophile pour gouverner l'église
métropolitaine de Tarentaise, dont le siège était vacant, depuis près de cinq ans, par la mort de l'illustre
Anastase Germonio, décédé à Madrid le 4 août 1627.
Benoît s'était retiré dans une grotte, au fond d'un
étroit vallon des montagnes qui entourent l'abbaye de
Tamié, lorqu'on lui apprit sa nomination à l'archevêché de Tarentaise. Il s'efforça, pendant près de deux
ans, de faire agréer son refus au duc de Savoie ; mais
ses démarches furent inutiles, et, dans les premiers
jours de l'année 1633, il reçut à Turin la consécration
épiscopale, des mains de Mgr Antoine Provana de
Collegno, archevêque de cette ville, assisté de MMgrs
Jacques Marenco, évêque de Saluces, et Jn-Fois Gan-
dolfo, évêque de Vintimille. Il prêta serment de fidélité
au duc de Savoie le 22 janvier ; reçut le pallium peu
après, et se mit en marche pour son diocèse. Il était
arrivé à Moûtiers le 8 février, et c'est en ce jour que
les Syndics obtinrent de lui, selon l'ancien usage, la
confirmation des *Franchises* de la ville dont il devenait le prince temporel. Le diocèse de Tarentaise était
alors dans un état déplorable sous tous rapports. Les
grandes ambassades de Mgr Germonio avaient obligé
ce prélat à rester loin de son siège pendant plusieurs

années ; la vacance de ce même siège pendant près de
six ans ; les récentes invasions des armées étrangères,
la négligence de quelques pasteurs ; la désorganisa-
tion du chapitre de la cathédrale, par la mort de treize
de ses membres, sur 22, occasionnée par la peste de
1630 : tout avait contribué à la décadence temporelle
et spirituelle de l'archidiocèse. Mais la vertu du nouvel archevêque était à la hauteur de sa tâche ; son zèle
ardent et fort lui fit surmonter les plus graves difficultés.

Il obtint du duc de Savoie l'exemption de payer mille
florins d'or exigés indûment par la Chambre des
Comptes, à l'occasion de sa promotion à l'archevêché.
Un arrêt du Sénat de 1633 obligea le chapitre à restituer à l'archevêque la croix et le bâton pastoral qui
lui avaient été saisis, et le maintint en possession des
droits de ses prédécesseurs, contre les prétentions
des chanoines.

Appuyé fortement par le pape Urbain VIII, il obtint
du duc Victor-Amédée la suppression de plusieurs
pensions dont son riche et généreux prédécesseur
avait trop facilement grevé le temporel de l'archevêché, en faveur de quelques personnes de Cour. Il
obtint du pape un monitoire contre les usurpateurs et
les détenteurs injustes des titres, biens et rentes de
l'archevêché. Il fit faire de nouvelles reconnaissances
des fiefs appartenants à la mense ; il passa de nouveaux contrats avec les tenanciers, consentant volontiers à l'abaissement des taxes, pourvu qu'elles fussent clairement définies et réglées pour l'avenir. Avec
les fonds que lui procurèrent ces divers arrange-

ments, il acheta de nouvelles rentes foncières à Bozel ;
il acquit et fit démolir les maisons qui encombraient
la place d'entrée du palais archiépiscopal, et il con-
tribua à l'embellissement de la ville de Moûtiers. Il
put aussi continuer à employer les dîmes de blé à la
pieuse et très-couteuse aumône dite du *pain de Mai*,
instituée par St Pierre II, quatre siècles auparavant.

En poursuivant la restauration de son temporel,
le nouvel archevêque ne négligea point la réforme spirituelle de son clergé et de son peuple. Un mois après
la prise de possession de son siège, il commença la
visite pastorale des paroisses, dont la dernière faite
par Mgr. Germonio datait de 21 ans. Le 8 mai
1633, Mgr. de Chevron visita la paroisse d'Aigueblanche ; il ne rentra à Moûtiers que le 28 juin, après
avoir parcouru 24 paroisses. Il repartit le 17 Juillet
pour le Bourg-St-Maurice, alla jusqu'aux sources de
l'Isère ; ne revint à Moûtiers que le neuf août pour en
repartir le 29 du même mois, et continuer ses visites
jusqu'au 18 décembre.

L'année suivante 1634, il reprit le cours de ses visites le 3 juin, et le 19 décembre suivant il avait parcouru tout son diocèse, visité toutes les églises et toutes les chapelles de village sans exception. Il séjour-
nait souvent plusieurs jours dans la même paroisse,
pour mieux vérifier tout ce qui concernait le culte,
l'état des bénéfices, les usages locaux, les abus existants ; pour régler les contestations, instruire le peuple, et surtout entendre les confessions. Il exigea que
le rit romain fut exactement observé dans toutes les
paroisses, et il favorisa l'établissement de plusieurs

confréries. Il érigea la paroisse de la Val de Tignes et celle du Planey, détachée de Bozel; il fit bâtir plusieurs églises, et aida de ses largesses la restauration d'un grand nombre d'autres tombées en ruine.

Le 22 septembre 1636, notre pieux archevêque procéda solennellement à l'ouverture de deux châsses déposées sous l'autel dit des *corps saints*, et qui contenaient les précieux restes de deux saints archevêques, ses prédécesseurs : St-Pierre Ier, mort à Moûtiers en 1132, et St-Pierre III, décédé à Châtillon, près Cluses, le 21 juillet 1283, et sépulturé à Moûtiers.

Ces reliques furent portées solennellement en procession autour de la ville, au milieu d'un grand concours de peuple. Peu de temps après cette consolante et religieuse cérémonie, Mgr. de Chevron - Villette partit pour Rome, afin de rendre compte de l'état de son diocèse, selon les règles canoniques. Il confia l'administration du diocèse, pour le temps de son absence, à son cousin Charles-Auguste de Sales, qu'il venait de choisir pour vicaire général et official.

Sa réputation de science et de sainteté l'avait déjà précédé à Rome, et dès qu'il eut présenté l'état de son diocèse au Pape, en présence du sacré collège, les cardinaux s'écrièrent d'une voix unanime : *Felix Ecclesia Tarentasiensis quæ talem meretur habere pastorem!* heureuse l'église de Tarentaise qui mérite d'avoir un tel pasteur! Le pape Urbain VIII lui ayant insinué qu'il avait l'intention de ne rien refuser à ses désirs, notre saint archevêque se contenta de solliciter le privilège d'absoudre les moribonds, en leur appliquant l'indulgence jubilaire ou plénière : c'est un exemple admirable de désintéressement personnel et de charité.

A son retour de Rome, il recommença ses visites pastorales avec la même sollicitude qu'il avait déjà déployée dans sa première tournée. — En 1640, la peste étant venu de nouveau décimer nos populations, le charitable prélat se dévoua aux soins des mourants.

De concert avec les habitants de Moûtiers, il fit alors le vœu d'aller processionnellement en pélerinage au tombeau de St-François de Sales à Annecy. Au jour fixé les confréries et les pieux pélerins de la cité de Moûtiers se mirent en route, et l'archevêque marchait en habit de pénitent à la suite de son peuple. Ils furent reçus aux portes d'Annecy, par Mgr. Juste Guérin et son clergé. Le ciel ne tarda pas d'exaucer les vœux de ces pieux pélerins.

En sa qualité d'ancien religieux bénédictin, Mgr. Benoît-Théophile avait conservé une estime spéciale pour tous les ordres religieux établis dans son diocèse : les Cordeliers du mont St-Michel sur Moûtiers; les Capucins, qui avaient des maisons à Moûtiers, à Conflans et à Bourg-St-Maurice. Il appela quelques bénédictins de Talloires, pour les installer à Villette, ancienne baronnie de sa famille, à deux lieues au-dessus de Moûtiers, sur un monticule où André Girod avait établi un petit ermitage que l'archevêque fit agrandir, en y érigeant une chapelle en l'honneur de Ste-Anne. Mais ces religieux n'y restèrent que peu de temps, et l'an 1655 l'archevêque y fit venir des dominicains du couvent de Montmélian, qui y restèrent jusqu'en 1738. — Il soutint aussi de ses largesses le couvent des Clarisses établi à Moûtiers pour l'instruction et l'éducation des jeunes personnes, et il fonda, dans ce même but, un monastère de Bernardines dans la ville de Conflans.

Au milieu de tant d'œuvres variées et de pénibles travaux, Mgr. de Chevron ne négligçait pas sa sanctification personnelle. Il allait chaque année se retremper dans la retraite à Talloires ou à Villette, et multipliait ses aumônes et ses œuvres de zèle.

Déjà affaibli par l'âge et les fatigues pastorales, il demanda un coadjuteur; il l'obtint en la personne de R^d Thomas de Loche, qui lui fut ravi par la cruelle mort avant d'avoir été sacré évêque. Résigné en face de cette dure épreuve, notre saint archevêque continuait son œuvre avec zèle et dévouement; mais dès les premiers jours de juin 1658, il fut obligé de s'aliter, par suite d'une maladie grave. Calme et résigné dans ses souffrances, il put mettre ordre à ses affaires temporelles; il reçut les derniers sacrements dans les sentiments d'une piété profonde, et rendit son âme à Dieu vers 3 heures du matin, le 16 juin 1658, à l'âge de 73 ans.

C'était le jour de la fête de la T. S. Trinité, anniversaire du jour où il avait célébré sa première messe. Ses obsèques se firent au milieu d'un deuil immense, et son oraison funèbre fut prononcée par le chanoine Perrot, grand pénitencier.

En 1673, Mgr. Milliet de Challes, son digne successeur, fit ériger un monument sur son tombeau, placé contre un pilier de la grande nef de la cathédrale de Moûtiers, du côté de l'épitre, avec une longue inscription qui résumait sa vie pleine de mérites (1).

M. l'abbé J.-B. Marjollet, curé de Chevron depuis 34 ans, a voulu consacrer un souvenir patriotique aux deux plus grandes illustrations de sa chère paroisse : le pape Nicolas II et l'archevêque Benoît-Théophile.

En 1866, il plaça leurs statues aux pieds de la statue colossale de N.-Dame-des-douleurs, qui couronne la magnifique tour du clocher élevée alors en face de l'ancien château seigneurial, qui a servi de berceau à ces personnages illustres, et à plusieurs autres dont je dois rappeler quelques souvenirs à propos de la fondation de la célèbre *Abbaye de Tamié*.

IV.

Quelques chroniqueurs courtisans ont voulu attribuer au comte de Savoie Amédée III la fondation du monastère de Tamié, mais la vérité est que la première idée de cet établissement est dûe à St-Pierre Ier, archevêque de Tarentaise, qui put réaliser son pieux dessein, grâces à la généreuse coopération des seigneurs de Chevron-Villette. C'est ce qui est démontré d'une manière irréfragable par la charte de fondation dont je cite la traduction faite sur le texte conservé par Besson (2) : « L'an de l'incarnation du Seigneur onze « cent trente deux, par la grâce de Dieu et par son « immense bonté, dom Pierre, archevêque de Taren- « taise, fixa son attention sur un lieu appelé Tamié « et situé dans son diocèse, qui lui parut propre à un « établissement de l'ordre de Citeaux. Il demanda

(1) Million : Biographie de Mgr Benoît-Théophile de Chevron-Villette, insérée dans l'*Echo des Alpes*, de Moûtiers, 1872 — (2) Besson, *Mémoires*, page 351.

« cette localité à ses possesseurs , c'est-à dire aux
« frères Pierre, Guillaume et Aynard de Chevron.
« Il plut ensuite à ce vénérable prélat de convoquer
« à Tamié dom Jean, de pieuse mémoire, abbé de
« Bonneveaux, les frères de Chevron et plusieurs
« autres personnes. Tous étant réunis, Pierre avec
« sa femme, Guillaume avec sa femme et son fils, ce
« dernier excusant Aynard alors absent, donnèrent
« le domaine de Tamié à Dieu, à la bienheureuse
« Vierge Marie, à Jean, abbé de Bonneveaux, et à ses
« frères qui devaient s'y vouer au service de Dieu.
« Ils firent cette donation pour le salut de leurs âmes
« et de celles de leurs parents, sur la prière du susdit
« archevêque et en présence de tous les témoins. Ils
« cédèrent tout ce qu'ils possédaient au mont de Ta-
« mié, suivant la direction de l'eau qui tombe du som-
« met des montagnes, et des deux côtés, jusqu'au
« ruisseau qui court au milieu de la vallée, à l'excep-
« tion toutefois de certains fiefs, domaines et fermes
« qu'ils occupaient. Si toutefois les religieux parve-
« naient à acquérir quelques-uns de ces lieux réser-
« vés, les donateurs les leur cédaient, à condition
« qu'ils ne perdraient pas leurs servis; dans tous les
« cas ils ne rendraient pas la communauté des frères
« responsable de cette perte. »

Devant une charte si claire et si précise, il n'est pas
permis de douter de la part considérable que les seigneurs de Chevron ont prise à la fondation du monastère de Tamié, qui porte d'ailleurs pour armoiries :
d'azur au chevron d'argent, le tout surmonté de la

crosse abbatiale (1) : souvenir évident des nobles co-
fondateurs.

Pour mieux apprécier les avantages humanitaires
et sociaux résultants de la fondation de cet antique
monastère, dont l'importance est trop méconnue de
nos jours, il faut savoir que le défilé de Tamié, qui
s'étend sur une lieue de longueur, était couvert au
moyen-âge de forêts épaisses, au milieu desquelles
serpentait un chemin presque impraticable. Les
neiges s'y amoncelaient pendant l'hiver, et la tour-
mente y régnait une portion de l'année. Pendant la
belle saison, ce lieu sauvage devenait un repaire de
voleurs, qu'attirait l'espoir de riches aubaines extor-
quées des nombreux voyageurs et commerçants obligés de suivre ce chemin pour le trafic entre le Piémont
et Genève.

Le comte Amédée III avait fait pratiquer des éclair-
cies dans l'épaisseur de la forêt pour rendre la route
plus praticable; il avait même, dit-on, fait pendre
quelques brigands aux arbres qui la bordaient, afin
d'effrayer les malfaiteurs. Mais l'archevêque de Tarentaise, St-Pierre Ier, comprit que les mesures de rigueur seules seraient impuissantes pour protéger les
voyageurs, et il songea à établir un monastère de l'ordre de Citeaux dans cet endroit périlleux. Ces religieux dévoués purent fournir des secours aux pas-
sants, et offrir aux malades les ressources d'un hôpital gratuit. Par le défrichement des terres incultes
et d'une partie des forêts, ils donnèrent à l'agriculture

---

(1) E. Burnier : histoire de l'abbaye de Tamié, page 15.

une féconde impulsion ; ils fournirent aux cultivateurs des semences et des bestiaux, et détournèrent du brigandage plusieurs des malheureux que la misère y avait entraînés (1). Le souvenir de ces bienfaits continués pendant près de huit siècles aurait dû arrêter le bras des modernes destructeurs ; qu'il reste au moins comme un titre de gloire pour les nobles et généreux frères Pierre, Guillaume et Aynard de Chevron-Villette, qui ont été les principaux fondateurs de ce monastère, centre de charité, et source de prospérité pour notre pays.

La famille seigneuriale, qui avait si généreusement contribué à la fondation de l'abbaye de Tamié, eut encore l'honneur de lui donner quatre abbés dans les siècles suivants.

En 1472, Urbain 1er de Chevron-Villette était chanoine de Genève, protonotaire apostolique, et titulaire d'un prieuré de Bénédictins, lorsqu'on lui offrit la crosse et la mitre abbatiales de Tamié. Il prit avec joie l'habit de Citeaux, dans la pensée que son exemple et sa fermeté produiraient d'heureux fruits. Il espérait aussi que son titre de conseiller d'Amédée IX lui serait utile pour accomplir les réformes qu'il méditait. Le duc et son épouse Yolande de France s'empressèrent d'accorder au nouvel abbé des lettres de sauvegarde conçues en termes pleins de bienveillance, et datées du 24 janvier 1472. Le duc Amédée étant mort trois mois après, la régente Yolande continua à donner sa confiance à Urbain de Chevron, au milieu

(1) E. Burnier : histoire de l'abbaye de Tamié, p. 14.

des difficultés que lui créèrent les évènements politiques. En 1477, l'abbé de Tamié reçut de la régente la mission d'aller négocier la paix avec les Suisses. Malgré des circonstances extrêmement difficiles, l'habileté du diplomate savoisien parvint à rendre les conditions de la paix moins onéreuses que les Bernois ne les avaient d'abord exigées.

Peu de temps après cette heureuse conclusion de la paix, la princesse Yolande mourut au château de Montcaprel en Piémont, le 29 août 1478, et l'abbé de Tamié présida à ses funérailles (1).

Deux années après ces évènements, Urbain de Chevron fut élu évêque de Genève, puis transféré à l'archevêché de Tarentaise, comme nous l'avons vu précédemment. Il mourut à Moûtiers le 9 novembre 1483.

En 1492 Urbain II de Chevron-Villette fut nommé au siège abbatial de Tamié qu'il occupa pendant douze ans. Un relâchement déplorable s'était déjà introduit dans l'abbaye sous son prédécesseur Augustin de Charnée, prélat politique qui passa presque toute sa vie à suivre la cour en sa qualité de conseiller du duc Charles Ier, et qui négligea ainsi la direction de son abbaye. Urbain II de Chevron résida plus assidûment dans le monastère, et le dirigea convenablement jusqu'en 1505, qu'il fut remplacé par son frère Jacques-François Ce dernier cessa absolument de résider à Tamié; il habitait Turin ou Chambéry pendant une partie de l'année, et, au retour de la belle saison, il

---

(1) E. Burnier : histoire de l'abbaye de Tamié, p. 60 et 61.

venait s'installer dans une maison de plaisance appelée la *Tour* ou la *Maison-Forte*, située sur la paroisse de Plancherine.

Les derniers supérieurs de Tamié avaient fait de la villa de Plancherine une charmante demeure. On y admirait une chapelle somptueusement décorée, et des appartements meublés avec un luxe princier. Des acqueducs amenaient d'une grande distance l'eau nécessaire pour desservir la maison, et former plusieurs bassins où se jouaient des cygnes. Une longue allée de charmes côtoyait un jardin fourni de plantes rares. Du haut de la terrasse, la vue s'étendait sur la combe de Savoie, et les Alpes aux neiges éternelles formaient le fond de ce délicieux paysage (1). C'était le rendez-vous des gentilshommes de la contrée, surtout à l'époque de la chasse et des vendanges. Les gens du pays, justement scandalisés par ce luxe somptueux peu compatible avec les austérités de la vie religieuse, avaient donné à cette résidence le nom trop mérité de *Tour Gaillarde*. On peut encore visiter actuellement les débris de cette fameuse *tour*, en suivant l'ancien chemin qui conduisait à Tamié, un peu au-dessus de l'église paroissiale de Plancherine.

L'autorité abbatiale de Jacques-François de Chevron fut heureusement de courte durée; il avait succédé à son frère Urbain II en 1505, et le 31 août 1506 Alaise Lacerelli, religieux italien et prieur de Tamié, fut élu abbé du même monastère, et reçut la bénédiction abbatiale des mains de Claude de Château-Vieux, archevêque de Tarentaise.

(1) F. Burnier. histoire de l'abbaye de Tamié, page 62.

Pierre de Beaufort, qui fut abbé de Tamié de 1536 à
1584, se voyant accablé par l'âge et les infirmités,
avait demandé au Pape l'autorisation de prendre pour
coadjuteur, avec droit de succession, un jeune clerc de
Tarentaise nommé *Jean de Chevron-Villette*. Le souverain pontife accorda le titre de coadjuteur, mais il
ne fit pas mention du droit de succession, afin de ne
pas porter atteinte à la règle fondamentale qui donnait aux religieux de Cîteaux le droit d'élire librement l'abbé chargé de gouverner le monastère. L'abbé
de Tamié, Pierre de Beaufort, étant mort dans la
maison de Plancherine le 20 février 1584, le duc de
Savoie, qui cherchait alors à s'arroger le droit de patronage pour la nomination des abbés de ce monastère, s'empressa de donner son *placet* pour que le
coadjuteur Jean de Chevron-Villette occupa le siège
de Tamié. Les religieux assemblés capitulairement,
par un semblant d'élection, ratifièrent ce choix qui
sapait par la base les pratiques constantes observées
jusqu'alors pour la nomination des abbés. Aussi le
pape Grégoire XIII refusa d'accorder l'institution canonique au nouvel abbé nommé par les religieux, sous
l'influence d'un droit de patronage qui n'appartenait
pas aux ducs de Savoie.

Après de longues discussions devant la chambre
des Comptes, le pape accorda l'institution canonique,
mais à condition que la phrase relative au droit de
patronage des princes de Savoie serait biffée des procès-verbaux. Sous cette clause, qui fut observée, Jean
de Chevron-Villette, fut revêtu de la dignité abbatiale qu'il exerça pendant onze ans. En 1595 il résigna

ses fonctions d'abbé de Tamie en faveur de François-Nicolas de Riddes, prieur du monastère d'Aulps, qui n'obtint ses bulles du Pape qu'à la même condition posée pour son prédécesseur (1).

———

La famille seigneuriale de Chevron-Villette a encore été illustrée par plusieurs de ses membres qui se sont distingués dans les carrières civiles et militaires.

Vers l'an 1297, Guillaume de Chevron-Villette, fils d'Humbert, était chevalier de l'ordre des Templiers.

En 1590, noble et puissant seigneur Amé de Chevron-Villette était commandant de la province de Tarentaise, pour le service de son altesse le duc de Savoie. Il présida l'assemblée du 3 décembre 1593, dans laquelle les syndics de Tarentaise, et notamment Jean Blanc con-syndic de Pralognan, paroisse de Bozel, refusèrent un surcroît d'impôts demandés par le duc de Savoie (2). Dès l'an 1580, Hector de Chevron était attaché à la cour du duc de Savoie, comme gouverneur des princes et premier chambellan de son altesse. Plus tard ses deux fils Prosper et Philippe se distinguèrent dans la carrière des armes. Le manque de temps et de documents me limite à ces courtes indications, qui pourront être complétées dans l'avenir.

Dans les premières années du 18ᵉ siècle les droits sur la baronnie de Chevron furent transmis à la famille de Valpergue, comme on le voit par les actes de

———

(1) E. Burnier . histoire de l'abbaye de Tamié, p. 70. — Victor de St-Genis, hist. de Savoie, tom. III, p. 488.

visites pastorales et d'autres titres des archives locales. Ainsi les actes de visites de 1638 à 1653 portent
que la chapelle de Ste-Catherine, érigée dans l'église
paroissiale de Mercury, est du droit de patronage des
seigneurs de Chevron-Villette ; mais l'acte de visite
de 1728 indique que la même chapelle est devenue du
droit de patronage de « très-illustre et très-puissant
seigneur de Valpergue, baron de Chevron, » et son
recteur est un noble de Valpergue. Cette mutation de
droit de patronage prouve la transmission des droits
seigneuriaux de la famille de Chevron à celle de Valpergue. Ce fait est encore confirmé par plusieurs autres titres trouvés parmi nos vieux papiers de famille.
Une suite de reçus signés de la main du compte de
Valpergue de Chevron portent que Joseph Garin, feu
Jacques a payé *trois cartes de froments et trois d'a-*
voine annuellement, pour l'acquit des *servis qu'il doit*
au seigneur comte, de l'an 1746 jusqu'à l'an 1754.
Le 9 septembre 1754, François Guillaume de Valpergue, baron de Chevron, nommait Philibert feu Guillaume de Lestanches pour son vice-fiscal de la baronnie, et spectable François Cornuty remplissait les
fonctions de fiscal.

Quelques années après, les droits du comte de Valpergue passaient à la famille noble de Latour, selon
l'acte de visite du 29 septembre 1761, qui porte que la
chapelle de Ste-Catherine était alors du droit de patronage de *très-illustre et puissant seigneur* de Latour,
marquis de Courdon, baron de Chevron. Un autre acte
de visite pastorale du 19 juillet 1774, mentionne une
fondation religieuse faite en 1588 par un seigneur ba-

ron de Chevron, et une autre faite en 1604 par dame Jeanne de Menthon, baronne de Chevron ; et ces deux fondations étaient alors payables par le *comte de Latour, possesseur des biens des barons de Chevron.*

A la suite de la grande révolution, l'ancien château seigneurial de Chevron fut acheté par M. Clairy qui le vendit, il y a quelque quarante ans, à M. Dunand, père du propriétaire actuel.

L'antique château de Giez, près Faverges, est encore habité aujourd'hui par M. le baron de Villette, noble descendant de l'illustre famille dont je viens de rappeler quelques souvenirs.

L'abbé GARIN,
curé archi-prêtre de Bozel,
membre de l'Académie de la Val d'Isère.

RAPPORT

sur les travaux de la *Société Florimontane d'Annecy*

Depuis le dernier compte-rendu donné à notre réunion à Chambéry en 1880, la société florimontane a publié dans la *Revue Savoisienne*, son journal mensuel, outre les comptes-rendus du Congrès de Chambéry,

Dans la partie historique et littéraire :

1° Une discussion entre plusieurs correspondants sur les *Jomarons*, exploiteurs des chalets du Chablais ;

2° La fabrication des ciments de Portland et les bronzes préhistoriques de Menthon, par M. Lousteau, ingénieur ;

3° L'époque tertiaire de l'abbé Bourgeois, par M. Mortillet ;

4° Notice sur Jeanne de Jussie, une des Clarisses réfugiées de Genève à Annecy, par M. Jules Vuy ;

5° Notice sur la famille Paget, qui a fourni le dernier évêque de Genève à Annecy, par M. Duval ;

6° Études étymologiques sur les noms de lieux, par MM. Tavernier et Constantin ;

7° Correspondance de l'historien Besson, par M. Serand ;

8° Notice sur le peintre Bernard Claris, par M. Revon ;

9° Notice sur M. Louis Courajod, conservateur adjoint du musée du Louvre, par M. Pol Nicard ;

10° Etude sur Guillaume Fichet, recteur de l'Université de Paris et introducteur de l'imprimerie en cette ville, par M. Jules Philippe. L'édition de Paris formera un ouvrage de luxe.

MM. Revon, Jules Philippe, Jules Vuy, Constantin, Reverend-Dumesnil ont publié divers articles bibliographiques. M. Pissard, secrétaire de Mairie, a donné une série de lettres et d'ordonnances relatives à l'histoire d'Annecy pendant les XVII° et XVIII° siècles, et extraites des registres consulaires.

J'ai donné moi-même des notices sur le poète Nouvellet, aumônier d'Anne d'Este, sur le P. Baranzano, professeur au collège Chapuisien, du temps de Sᵗ-François de Sales, sur Anne d'Este et ses enfants Charles-Emmanuel et Henri de Savoie, ducs de Genevois et de Nemours, dans leurs rapports avec Annecy et le Genevois, et enfin une étude sur le St Suaire à Annecy et la naissance de St-François de Sales.

Dans la partie scientifique :

1° Le téléphone et le radiophone par M. Vaschy, de Thônes :

2° L'actinométrie, l'atmosphère et le temps, par M. Alexandre Montagnoux, professseur à Mélan ;

3° Observations sur l'hiver de 1879 et 1880, par M. Mangé, architecte de ville ;

4° Observations météorologiques et hydrométriques faites chaque mois au jardin public d'Annecy, par le même ;

5° Les bulletins mensuels de la commission de Météorologie de la Haute-Savoie, et les conclusions résumées sur ces travaux, par M. Tissot, ingénieur.

Elle continue à publier les comptes-rendus des séances de la Société d'histoire naturelle de la Savoie.

Les séances mensuelles de la Société florimontane y révèlent à chaque numéro une foule d'observations, de recherches scientifiques et littéraires, historiques et archéologiques, qui n'étant pas toujours reproduites *in extenso,* ne se trouvent que là, comme aussi tous les dons d'ouvrages faits à la Société, les dons si nombreux faits au musée de la ville, un des plus riches et des mieux tenus, eu égard au rang qu'elle tient comme population, et qui vient de recevoir, depuis peu, une extension considérable à l'Hôtel-de-Ville sous l'habile direction de M. Revon.

Je rappellerai enfin que la société florimontane a été chargée par la ville d'Annecy de toutes les études préparatoires à l'érection de la statue de Germain Sommeiller, l'illustre ingénieur de la percée des Alpes, laquelle va s'élever devant l'hôtel de Préfecture d'Annecy en face du lac, comme celle du célèbre chimiste Berthollet au rond-point du jardin public.

Je n'ai pas reçu mission de représenter à ce congrès l'*Académie Solesienne,* fondée en 1878. Mais la réunion apprendra avec intérêt que cette société en est à son sixième volume de *Mémoires et documents.* C'est dans cette collection que je publie mon étude sur *St-Maurice et la Légion Thébéenne,* qui a fait l'objet d'une discussion au Congrès de Chambéry, en 1880.

C.-A. Ducis.

ÉTUDES GÉOLOGIQUES

SUR LA VALLÉE DE BEAUFORT

Lorsqu'on remonte la rive gauche de l'Isère depuis
Grenoble jusqu'à Albertville, que l'on suit le cours de
l'Arly jusqu'à Ugine, pour de là se diriger sur Sallanches, le col d'Anterne, Sixt et St-Maurice en Valais,
on se trouve dans la région des chaînes Alpines très
différentes au point de vue géologique et même doro-
graphique de la région des chaînes secondaires ou sub-
alpines située à l'ouest. Dans cette dernière, on rencontre principalement les terrains crétacés et la partie
supérieure des terrains jurassiques : ce n'est qu'exceptionnellement que s'observent des affleurements de
lias et de trias. Dans la région des Alpes, au contraire,
nous ne trouvons que des terrains anciens. Ce sont :
le lias, quelquefois au-dessus de lui le bajocien, au-
dessous le trias et le terrain houiller, enfin les schistes
cristallins. Cette distinction tranchée indique qu'il y
a eu de grands mouvements du sol après le lias ou
tout au moins après l'oolithe inférieure, et que la région des Alpes a été mise à sec après cette période.

Ce n'est ensuite, qu'à une époque beaucoup plus
récente, que se produisit un affaissement partiel, sous
forme d'un golfe étroit, partant des Pyrénées, venant
tourner le massif du Pelvoux, se continuant dans la

direction nord entre St-Jean-de-Maurienne et St-Michel et venant se terminer à Moûtiers.

La région alpine a été subdivisée par M. Lory en quatre zones que séparent les unes des autres des alignements de grandes failles. La première, la seule dont nous ayons à nous occuper ici, comprend un certain nombre de massifs constitués par des roches cristallines, plus communément appelées roches primitives. Ce sont le massif des Aiguilles-Rouges et celui du Mont-Blanc, la chaîne de Belledone, le petit massif de Rocheray à l'ouest de St-Jean-de-Maurienne, les massifs des Grandes-Rousses et du Pelvoux.

La grande chaîne de Belledone ou chaîne des Alpes occidentales, qui rentre plus spécialement dans le cadre de cette étude, commence à l'Ouest du col de Bonhomme et s'étend de Beaufort (Savoie) à Valbonnais (Isère). A son extrémité nord, comme nous le verrons en étudiant le haut de la vallée d'Hauteluce, elle se modifie brusquement. Sa partie ouest s'abaisse vers Flumet pour disparaître sous les terrains jurassiques des montagnes de Mégève. Quant aux roches qui en forme l'axe et la partie est, elles se relient par dessous le revêtement des terrains secondaires avec celles des Aiguilles-Rouges et de la base du Mont-Blanc. On doit donc considérer ces deux derniers massifs, comme une continuation du versant Est de la grande chaîne des Alpes occidentales.

Les roches primitives qui forment ces massifs consistent surtout en protogines, gneiss, micachistes, chloristochistes et talchistes, désignés le plus souvent aujourd'hui sous le nom de schistes à séricite. Comme l'a établi M. Lory, les vrais granites massifs ceux qui traversent les roches cristallines sous forme de filons ou de dyckes, ne se rencontrent presque jamais dans les Alpes et les diverses roches auxquelles on a donné ce nom se lient intimement aux vrais gneiss et ne sont à proprement parler que des gneiss granitoïdes. Quant à la protogine, c'est aussi une roche granitoïde éminemment stratiforme, car on la voit passer à des gneiss formés des mêmes éléments et à des chloristochistes alternant régulièrement avec elle. Ces diverses roches cristallines sont habituellement stratifiées en feuillets verticaux et dans leurs replis se trouvent des lambeaux de grés à anthracite. Quant aux intervalles compris entre les massifs, ils correspondent à des dépressions constituées par des schistes argilocalcaires appartenant au groupe du lias et qui reposent tantôt directement sur les schistes cristallins et les grés à anthracite, tantôt sur des roches triasiques. Ces dernières consistent en quartziles, calcaires magnésiens et schistes argileux bariolés de rouge et de vert.

Ces vues d'ensemble établies, nous allons étudier d'une façon spéciale, les environs de Beaufort qui prêtent matière à nombre d'observations intéressantes. Lorsqu'on se rend d'Albertville à Beaufort, on peut observer, au sortir même d'Albertville, des schistes onctueux, à mica lustré et satiné, inclinant au Sud-Est de 30° environ. Ce sont les schistes à séricite, schistes précambriens.

Contre eux, quelques mètres plus loin, se trouvent plaqués des quartzites, puis des cargneules et des schistes argileux bariolés, que nous trouverons toujours à la partie supérieure de la formation triasique et que nous pourrons considérer comme représentant les marnes irisées. Lorsqu'ensuite, on commence à remonter le Doron on rentre entièrement dans les schistes à séricite. A mesure qu'on s'avance vers l'Est, l'inclinaison de ces schistes va en augmentant. Vers Queige elle est de 40° et à Beaufort de 70° environ. Le plongement est toujours au Sud-Est, tandis que la direction est sensiblement Nord-Nord-Est à Sud-Sud-Ouest. Il est impossible, au point de vue purement minéralogique d'établir de subdivisions dans cette énorme masses de schistes, plus ou moins micacés ou talqueux, quelquefois même un peu argileux et qui se continuent sur tout le parcours avec une uniformité désespérante pour le géologue.

Jusqu'à Queige, la route est encaissée dans une cluse étroite livrant passage au Doron qui va se jeter dans l'Arly par une profonde crevasse creusée entre les plateaux de Césarches et de Venthon. Cette cluse ne commence à s'élargir qu'au-delà du Villard, lorsqu'on arrive dans la plaine de la Pierre. On se trouve alors au débouché de trois vallées : celle d'Hauteluce au Nord, arrosée par le Dorinet, celle d'Arêches, au Sud, que parcourt l'Argentine et celle de Beaufort au centre. A l'entrée de cette dernière, on rencontre, en contact avec les micachistes, un lambeau de calcaires magnésien à lamettes d'albite, et mêlés d'un peu d'apatite. Ces calcaires presque lithographiques et à dendrites appartiennent au trias, sont pincés au milieu des schistes et se continuent au Nord vers Hauteluce,

au Sud vers Arêches. Un affleurement, mis à découvert pour l'établissement d'une nouvelle route, conduisant au village du Mont, s'observe très nettement
près d'un pont jeté sur l'Argentine.

A Beaufort, on se trouve de nouveau à l'entrée
d'une cluse conduisant à la vallée de Roselen et qui
continue, dans la direction est celle que nous venons
de traverser. Près de la ville même, cette cluse est
creusée dans des gneiss chloriteux qui passent à une
protogine porphyroïde à grands cristaux d'orthose
rose. Un bel affleurement de cette roche qui alors
présente une teinte rose très vive, peut s'observer au
Bersen petit village situé un peu au Sud de Beaufort.
Lorsqu'on arrive ensuite, en continuant de remonter
le Doron, vers le Pont des Iles, on trouve, venant
couper le massif de protogine, une roche micacée,
amphibolifère et chloriteuse dont la composition se
rapproche de celle d'une syénite. En ce point, de nombreux filons de quartz blanc imprégnés de chlorite,
traversent les masses granitoïdes. Nous verrons dans
le cours de cette étude que ces filons de quartz renferment parfois des sulfures de fer et de cuivre, et de la
galéne.

Au petit vallon des Iles, auquel nous arrivons, s'observe un premier pincement de grès houiller dans les
schistes cristallins, puis nous retrouvons des gneiss
granitoïdes à grands cristaux de feldspath et qui
constituent les roches les plus anciennes de la série
que nous étudions. A ceux-ci succèdent des gneiss
talqueux en grandes dalles plus feuilletés, et qui dans
le pays sont utilisés comme pierres de construction.

Après avoir dépassé ces masses granitoïdes, nous entrons dans le pittoresque vallon du Fontanu, et nous sommes au confluent de trois ruisseaux : le Sallestet qui descend de la montagne d'Outray, le torrent de la Gitte qui descend du col du Bonhomme et le Doron venant de Roselen. Ici les gneiss sont tellement chargés en chlorite que l'on croirait avoir affaire à des chloristochistes, ils passent à des quartzites talqueux schistoïdes, puis à de véritables talchistes pailletés de mica et que traversent de nombreuses veines de quartz. Au-dessous du village de Beaubois, au milieu de la montée rapide des Anes, ces filons de quartz renferment de la galéne argentifère dont on a jadis tenté l'exploitation. A ces roches franchement cristallines succèdent des roches carbonifères consistant en grès micacés et schistes argileux avec veines d'anthracite. Ces couches sont redressées verticalement comme les schistes primitifs, elles forment le fond du vallon et se retrouvent à l'Est, ce qui s'observe facilement si l'on remonte le torrent de la Gitte.

Plus à l'est encore, on rentre dans les schistes cristallins micacés et talqueux semblables à ceux du Fontanu. Nous avons donc un pincement de roches houillières au milieu de roches primitives, pincement d'autant plus curieux qu'il enclave des cargneules triasiques. Au Sud du vallon, on voit en effet celles-ci se développer à une certaine hauteur.

Etudions la rive droite du torrent de la Gitte et remontons le ravin où coule le Sallestet. Nous allons retrouver les mêmes assises qu'au Sud et le pincement déjà décrit, mais s'effectuant sur un plus petit espace et donnant par suite aux couches des allures plus tourmentées. On voit, passant directement sur des quartzites talqueux schistoides, analogues à ceux de Beaubois, des schistes argileux veinés de quartz et dressés comme les roches sous-jacentes. En ce point existent, séparées par des bancs de schistes argileux, deux veines principales d'anthracite où l'on a creusé une galerie d'extraction, aujourd'hui complètement abandonnée. Ici encore se rencontrent des cargneules, lesquelles descendent beaucoup plus bas que sur l'autre flanc du vallon, ce qui pourrait faire croire que ce sont elles qui enclavent le carbonifère, tandis que c'est le contraire qui a lieu. En continuant en effet de remonter le ravin on se rend facilement compte que les roches triasiques reposent sur les tranches des schistes et que les bancs de grés houillers passent par suite du pli sous des gneiss chloriteux. En continuant l'ascension, et en suivant le sentier situé sur la rive gauche du torrent, on arrive au chalet d'Outray (2100 mètres), puis on entre dans un vallon appelé le plan du Sée, à l'ouest duquel les roches carbonifères, sur l'alignement de celles du Fontanu, présentent un beau développement. Dans les derniers bancs en contact avec les gneiss chloriteux, on voit des filons de quartz d'une énorme épaisseur qui renferment en abondance des sulfures de fer et de cuivre et de la galéne. Ce gisement de minerai dans des filons de quartz venant couper des roches carbonifères m'a paru digne d'être signalé. Quelques tentatives d'exploitation ont été essayées, mais ont dû être abandonnées.

Revenons maintenant à la route qui conduit à la

vallée de Roselen. Après avoir dépassé le Fontanu et laissé derrière soi le village de Beaubois, on entre dans une gorge appelée le Cruaipas, et là on retrouve des gneiss à grandes lames de mica, des micachistes et en arrivant à Roselen des chloristochistes. Au sortir de la gorge, on se trouve au débouché de deux vallées, celle de Trécol située au Sud, et celle de Roselen au Nord-Est. Cette deuxième que ferme au Nord le Rocher du vent paraît en grande partie liasique, car déjà près du ruisseau qui la traverse longitudinalement, on trouve un calcaire lamellaire ressemblant à un calcaire à entroques et qui pourrait appartenir au lias supérieur. Les montagnes, qui la bornent à l'Est et au Nord, appartiennent donc à cette formation, et la bande de trias, reposant sur le cristallin, ne se rencontre qu'à l'Ouest.

Des Frêtes de Roselen, c'est-à-dire de l'arête qui ferme la vallée au Nord on peut descendre à la Gitte. Vers le chalet du Chatelard que l'on rencontre tout d'abord, on trouve des arkoses triasiques reposant sur des schistes talqueux pailletés de mica, puis des cargneules qui viennent s'enfoncer à l'Est sous les Roches Merles, lesquelles sont entièrement formées par les schistes argilo-calcaires du lias. Lorsqu'on arrive à la Gitte, on rencontre à l'ouest du vallon, en inclinaison presque verticale des grès noirs micacés appartenant au terrain houiller et ayant plus de cent mètres de puissance. Ces mêmes grès se retrouvent plus à l'Ouest emprisonnant dans leurs replis des cargneules et des schistes argilo-talqueux d'âge triasique, et ils viennent s'appuyer alors contre un

pointement de gneiss qui forme le sommet des pâtu-
rages de Plantpattier. Plus à l'Ouest encore, sur le
prolongement des couches du ravin du Sallestet, on
trouve des cargneules et des roches anthracifères passant sur des chloristochistes et elles se poursuivent
au Nord jusqu'au lac de la Girotte et le petit hameau
de Colombe.

Si maintenant de Beaufort, on veut se rendre à
Arêches, on se trouve en suivant la grande route
(rive droite de l'Argentine) sur les schistes cristallins. Lorsqu'on arrive au village appelé le Praz, on
voit sur la rive gauche de la rivière un lambeau de
lias plaqué contre les schistes cristallins dont il est
séparé par une couche de cargneules. A Arêches, on
rencontre le terrain houiller prolongement de la bande,
que nous avons déjà vue au Fontanu et à Beaubois,
et qui se développe de nouveau au fond du bassin dans
lequel est construit le village. Une galerie pour l'extraction du combustible a été ouverte près de la cas-
cade du torrent descendant du Val de Pontcellamont,
et on en extrait de l'anthracite, variété stratoïde com-
pacte, qui paraît d'assez bonne qualité et qu'on uti-
lise pour les besoins du pays principalement pour le
chauffage des fours à chaux.

D'Arêches on peut se rendre dans la vallée de Trécol en passant par le col des Prés. Jusqu'à Boudin on
se trouve sur les couches carbonifères, au-dessus
desquelles passent ensuite des grés arkoses, des cargneules et vers le col, des gypses qui présentent un
certain développement et qui s'enfoncent avec inclinaison au Sud-Est sous les calcaires du lias formant

le Mont des Acrais. Quant à la vallée de Trécol, elle est formée à l'Ouest par du trias, à l'Est par du lias.

Pour faire l'ascension du col de la Madeleine sur la Bâthie, on longe jusqu'au village du Bois la bande anthracifère qui se continue en zone étroite le long du Grand-Mont dans le ravin de l'Argentine. En commençant de gravir la montagne, après avoir dépassé le Planet on rencontre une bande de cargneules se trouvant en contact avec des schistes argilo-calcaires du lias. Le col est sur ces mêmes schistes, et au-dessous on retrouve à nouveau des cargneules et des roches cristallines. En se rendant du col à l'ardoisière de Cevins, on retrouve de véritables schistes houillers, continuation de ceux que nous venons de suivre, dans les ardoises exploitées et qui sont d'une qualité exceptionnelle. Ici le terrain houiller repose sur un gradin de roches cristallines, au pied desquelles butte en faille le lias à bélemnites du col de la Bâthie, contenant lui-même des ardoises mais de qualité très inférieure. L'assise d'ardoises se trouve au-dessus d'une petite couche charbonneuse accompagnée d'empreintes végétales houillères. Une excursion effectuée récemment nous a permis d'y recueillir des pecopteris, voisins du pecopteris polymorpha. Au-dessus on ne retrouve pas la bande triasique, et les schistes houillers, qui reposent directement sur les roches cristallines, sont recouvertes par des roches de même nature formant la cîme du Grand-Mont.

Lorsqu'on descend de la carrière d'ardoises pour se rendre à Arbine, on passe au hameau du Benetan, situé sur la rive gauche du torrent, et l'on ne rencontre plus que des schistes à séricite en tout semblables à ceux que l'on voit en allant d'Albertville à Beaufort.

Après avoir étudié la partie Sud du canton de Beaufort, arrivons à l'étude de la partie Nord, c'est-à-dire de la vallée d'Hauteluce, qui, au point de vue stratigraphique, mérite de fixer l'attention. Cette vallée est profondément encaissée et est traversée dans toute sa longueur par le Dorinet, qui prend sa source au lac de la Girotte. En remontant ce torrent et en se tenant sur la rive gauche, on trouve des schistes argilo-calcaires du lias inclinant à l'Est et reposant sur des cargneules, qui se retrouvent vers le haut de la montagne, s'enfonçant sous les roches cristallines. Nous avons donc ici un pli de roches secondaires, lesquelles dans le bas de la vallée viennent butter en faille contre les schistes micacés du ravin d'Hauteluce qui sont presque verticaux. Ce lambeau du lias et de cargneules peut s'observer déjà en aval du hameau des Curtillets et nous allons le voir se poursuivre avec la même inclinaison jusqu'au-dessous du lac. Aux divers points où les affleurements se présentent d'une façon nette, on voit parfaitement la superposition directe et en concordance du lias sur les cargneules.

Si au lieu de suivre ainsi la rive gauche nous longions la rive droite, nous aurions des roches cristallines et nous verrions au-dessous du village d'Hauteluce, le ravin où coule le torrent être creusé dans les micachistes. Au-dessus d'eux, mais à une grande élevation se retrouvent les argiles du lias, qui sont en complète discordance avec les roches primitives.

A mesure qu'on s'avance vers le haut de la vallée, on voit les assises liasiques qui de ce côté aussi, reposent sur le trias tendre à recouvrir plus complètement les roches cristallines. D'Hauteluce à Belleville, on suit un affleurement triasique, consistant en quartzites, cargneules et schistes bariolés. Ces roches que l'on peut étudier très nettement près d'Annuit se poursuivent jusqu'au hameau des Prés, à partir de là, elles sont entièrement recouvertes par les schistes du lias.

D'Annuit rendons-nous au lac de la Girotte : nous retrouvons, après avoir passé le Dorinet, le trias et le lias de la rive gauche, particulièrement développés vers le hameau des Revers et pincés dans les roches cristallines. Nous rentrons ensuite, vers le haut de la montagne dans les schistes cristallins, consistant ici en schistes à séricite, et chloristochistes. Un très bel affleurement de ces derniers s'observe près des chalets de la Commanderie où ils passent ensuite à des gneiss chloriteux et porphyroïdes. Plus haut on trouve des cargneules que l'on voit vers le lac de la Girotte reposer sur des schistes houillers à empreintes végétales. Ces schistes sont superposés à des grés noirs micacés, et au-dessus se trouvent des ardoises analogues à celles de Cevins et exploitées au hameau de Colombe où se trouve également une petite mine d'anthracite. Au-dessous des grés, viennent des chloristochistes qui affleurent à l'Ouest du lac avec une inclinaison de 50° environ et qui sont fortement veinés de quartz, renfermant des sulfures de fer de cuivre et de la galène. Une excavation a été creusée en ce point, mais a dû être abandonnée par suite du peu d'abondance des minerais.

Les empreintes végétales que renferment les schistes ardoisiers sont abondantes. M. Alphonse Favre de Genève en a recueilli un grand nombre qui ont été déterminées par M. Heer. Elles établissent d'une façon certaine l'âge de ces couches qui appartiennent incontestablement à la formation carbonifère.

JOSEPH RÉVIL,
Pharmacien à Chambéry,
Membre de la Société d'histoire naturelle
de Chambéry.

LE CHATEAU DE BEAUFORT

———————⟶•⟵———————

Vous avez entendu, messieurs, les deux dissertations 1° de M. Pillet, assignant la place géologique de
la vallée de Beaufort dans le massif de la région alpine
baignée par l'Isère et le Doron, 2° de M. Revil, qui a
décrit en détail toutes les compositions rocheuses de
cette vallée.

Je viens, à mon tour, appeler votre attention sur
l'histoire de cette vallée appelée *Lucia* ou *locia*, d'a-
près des documents du Ve jusqu'au XVe siècle, nom
conservé encore dans l'appellation de la plus haute
commune Hauteluce.

Le chef des Burgondes, qui ont envahi nos contrées en 422, l'attribua, en 428, à l'évêque de *Darentasia*, avec quatre autres vallées relevant de la cité
romaine de *Darentasia*. Maîtres du royaume de Bourgogne, les empereurs germaniques confirmèrent cette
donation.

Le château, ou, selon l'expression vulgaire, *les
Châteaux* de Beaufort formaient le couronnement
d'un tertre à l'altitude de 1000 mètres, adossé au
flanc oriental d'une arête de montagne derrière laquelle se trouvent Mégève et Flumet, de l'ancienne baronnie du Faucigny; l'enceinte était flanquée de quatre
tours rondes, dont deux sont debout encore, et deux

dont j'ai vu les bases. La plus éloignée à l'ouest a des murs de 4 mètres d'épaisseur, percés d'escaliers dérobés pour la communication des étages.

C'est au premier de la tour carrée du donjon que notre célèbre Martinet de Queige a composé diverses brochures entre autres *l'art d'apprendre en riant des choses fort sérieuses*.

Delà le regard domine le bourg St-Maxime et s'étend sur les vallées d'Hauteluce, d'Arêches, du Villard et sur les crêtes de *Cornillon* sur Césarches, où se trouvent les ruines du château de ce nom.

Au pied du mont Joly, le hameau de Nantpays, près de Belleville, a été le berceau de la famille du poète Ducis, successeur de Voltaire à l'Académie française.

C'est à Belleville que notre secrétaire général passe quelquefois sa villégiature.

Les diverses branches de la famille de Beaufort portèrent les noms des châteaux environnants de Hauteluce, des Aultars, de *Altaribus*, du Villard etc. Trop à l'étroit dans cette vallée, elles s'étendirent à Ugines, à Marthod, à Montailleur, à St-Jorioz, prés d'Annecy, à Menthon, à Rumilly, etc., et même en France et en Angleterre.

A la fin du Xe siècle, le château de Beaufort était occupé par Bernard de Beaufort, qui donna son nom à son neveu, l'apôtre des Alpes, Bernard, fils de Richard de Menthon. Comme les de Beaufort portaient sur leur écu de *gueule au lion d'argent*, et les de Menthon de *gueule au lion d'argent à la bande d'azur*, il est évident, d'après l'armorial de M. de Foras, que Richard était frère cadet de Bernard de Beaufort.

Ensuite des dates précises de certains faits de l'histoire contemporaine, la naissance de St-Bernard de Menthon doit être reculée vers la fin du Xe siècle, et conséquemment sa mort après son entrevue avec Henri IV d'Allemagne en 1077.

Au XIIIe siécle, Marguerite, fille de Guillaume de Beaufort, fut la première épouse de Jean Beckay de Hollande, petit neveu de St-Thomas Beckay, archevêque de Cantorbéry, dont la famille persécutée fut recueillie en Savoie par son deuxième successeur à Cantorbéry, St Boniface de Savoie, en 1248. La seconde épouse de Jean, Alexie de Crecherel, a laissé à cette famille le nom de ce château qui domine le village des Fontaines sous Ugines. Jacques, frère de Jean, fut prieur d'Allondaz et d'Ugines.

La maison de Beaufort rendait hommage à celle de Faucigny, vassale et quelquefois alliée de celle de Genève, et aux archevêques de Tarentaise, donataires primitifs de la vallée, qui eurent à défendre contre les prétentions des barons de Faucigny et des comtes de Genève leurs droits confirmés par les emperqurs d'Allemagne.

Les comtes de Savoie survinrent pour absorber à leur profit l'objet de ces rivalités. Pierre II de Savoie, qui avait épousé Agnès de Faucigny, profita de cette conjoncture pour acquérir de Vullielme de Beaufort, en 1261, l'hypothèque de ses fiefs pour la somme de 1300 livres viennoises. Leur fille Béatrix, qui avait porté son douaire du Faucigny et de Beaufort à son époux Guigue VII, comte d'Albon et dauphin de Vienne, en 1241, acquit encore du même Vullielme, en 1271 et

1277, la moitié du Mandement de Beaufort pour 5140 livres viennoises, et permitaux frères de Beaufort, en 1282, d'élever le château de la Sallaz, près de St-Maxime pour être le centre de ce qui leur restait, et donna des franchises pour se rattacher tous ses états.

Pendant la maladie de Béatrix, le 11 avril 1310, Pierre de Beaufort avait vendu, pour 750 livres viennoises, à Hugues, petit-fils de cette dernière et donataire par elle du Faucigny, dès 1304, divers droits féodaux dans la vallée de Beaufort.

L'ingérence des Dauphins de Viennois en Savoie ne pouvait que déplaire à la maison de Savoie. Aussitôt après la mort de Béatrix, arrivée le 21 avril 1310, Amédée V de Savoie, son héritier pour les fiefs masculins, acheta de Jaquemet de Beaufort, le 29 mai 1310, l'autre moitié du mandement de Beaufort, qui valait 430 livres viennoises, et, en compensation, lui donna la seigneurie de la Val d'Isère, depuis le torrent de Versoyen jusqu'aux confins du Piémont, et comprenant les paroisses de Séez, de Montvalésan, de Ste-Foy, de Villaroger et des Tignes Il ajouta le vicomté de Tarentaise depuis le détroit du Saix, près St-Jaquemoz en amont jusqu'aux crêtes des montagnes contre le val d'Aoste.

Il était temps. Hugues, seigneur du Faucigny, confirmait, en 1321, à ses neveux, Guillaume VIII et Humbert II, la propriété du Faucigny, promise, en 1319, à leur père Jean Dauphin de Viennois. La bataille de la Perrière, où succomba Guigues VIII, amena la paix de Lyon, en 1334, suivie de représailles de son frère, qui, après plusieurs échecs, céda la succession du Dauphiné au roi de France, en 1345, et publia des franchises et libertés dans tous ses Etats pour les rattacher à leur nouvelle destinée, en 1349.

Voyant le Faucigny et Beaufort lui échapper, Amé VI, comte de Savoie, céda au roi de France tous ses fiefs enclavés dans le Dauphiné, en échange de ces deux baronies avec leurs annexes, Hermances, Allinges etc., en 1355. Mais les habitants, heureux des dernières franchises, ne voulurent pas du nouveau maître, mirent en déroute son armée qui venait prendre possession de leur pays.

Une seconde armée savoyarde s'empara de tous les passages importants, et put pénétrer dans les villes en arborant l'étendard aux couleurs delphinales. Ce stratagème la rendit maîtresse des pays occupés. La remise officielle du mandement de Beaufort se fit le 7 juillet, non sans beaucoup d'oppositions, et, le lendemain, les commissaires comitaux et delphinaux allèrent coucher aux Chalets du Passon de Joly, pour continuer ensuite par Sallanches et le reste du Faucigny.

En 1358, le comte de Genevois fit hommage au comte de Savoie pour toutes ses prétentions sur les terres cédées par le Dauphin de France, et, dix ans après, le comte de Savoie renouvela les franchises accordées précédemment par les Dauphins à ceux de Beaufort.

La baronnie de Beaufort continua à suivre les phases du Faucigny, et, depuis l'acquisition du Genevois, en 1401, par Amédée VIII, le second des enfants de Savoie porta toujours le titre de comte de

Genève avec le Faucigny et Beaufort pour complément de son apanage jusqu'en 1490. Depuis 1513, ce fut une branche cadette qui eut l'apanage jusqu'à son extinction en 1659.

La baronie de Beaufort fut érigée en marquisat, en 1662, en faveur du marquis de Villecardel de Fleury, avec jouissance de toutes les minières d'argent, de cuivre et de fer, en échange de son palais de Turin, destiné aux ambassadeurs étrangers.

Beaufort ne cessa de relever administrativement et judiciairement de la province du Genevois jusqu'en 1737 qu'il fut annexé à la province de Savoie à Chambéry, malgré les réclamations de la ville d'Annecy. Il fit partie du district de Moûtiers dès 1793, du mandement de Conflans en 1814, et de la nouvelle province de Haute-Savoie en 1816.

Autrefois chaque village administrait ses possessions communes et traitait de ses intérêts spéciaux par l'organe d'un procureur. La réunion de ces petites communes formait l'*Universitas Bellifortis*, régie par quatre syndics, deux de la rive droite et deux de la rive gauche du Doron. Le curé, élu par les chefs de famille réunis sur la place devant l'église, recevait l'institution canonique de l'archevêque de Tarentaise. Une communauté de 12 prêtres séculiers desservait les 14 petits autels de l'Eglise, deux chapelles dans le chef-lieu, et 20 chapelles rurales, dont l'une, celle d'Arêches, est devenue paroisse en 1802, en se groupant de trois autres.

60 montagnes à gruyères, composées chacune de

plusieurs chalets, et occupant huit vallées, font la richesse du pays.

Voir pour plus de renseignements *la vallée de Beaufort en Savoie, promenade archéologique à Belleville de Hauteluce. Questions archéologiques et historiques sur les Alpes de Savoie,* p. 201, 265., *Annecy et les ducs de Genevois et de Nemours.*

C.-A. Ducis.

NOTES

sur l'orthographe du nom de quelques communes de l'arrondissement de Moûtiers et de celui d'Albertville.

C'est le 3 juillet que j'ai eu connaissance du compte-rendu de la 5ᵉ session du Congrès des sociétés savantes de la Savoie où j'ai trouvé la proposition, si pleine d'opportunité, présentée par M. le docteur J. Carret, au nom de la société savoisienne d'histoire et d'archéologie : *Orthographe des noms géographiques.*

Je n'ai pas eu le temps de faire une étude suffisante des questions proposées pour les noms des villages, hameaux et mas. Cette étude est incontestablement d'une haute importance; mais j'ai dû me borner aux noms des communes des arrondissements de Moûtiers et d'Albertville qui rentrent dans le questionnaire.

Je ne fais pas un traité, Messieurs, je me contente de soumettre à votre appréciation quelques notes recueillies à la hâte et soumises à mes collègues de l'Académie de la Val d'Isère à la séance du 12 juillet.

Pour ne pas fatiguer le Congrès, j'arrive droit aux questions.

IV⁰ et V⁰ du questionnaire.

Noms en *aix* et *ex*. Je n'ai rencontré dans la région que deux de ces noms *Rognaix* et *Cléry-Frontenex*.

Le premier a été écrit de plusieurs manières : Rognex, Rognay et enfin Rognaix. L'abbé Besson, Preuves n° 32, a écrit : S. Martini *de Rosnay*. Les actes officiels qui restent à l'évêché de Tarentaise portent *Rognaci*. Rien ne justifie l'emploi de l'x final qui, d'ailleurs, ne se prononce pas ; et je serai pour l'orthographe *Rognai* ; elle a d'ailleurs été plusieurs fois employée.

Je me permettrai la même observation pour *Frontenex*, l'x ne se prononçant pas, et l'on pourrait écrire Frontenai.

VIII⁰. *Noms terminés par s.*

Celliers, Césarches, Cevins, *Esserts*-Blay, Fessons, Moûtiers, Naves, Salins, Tessens, Tignes, Tours, Verrens. Si l'on excepte *Esserts, Nâves, Tignes, Celliers, Césarches* et *Tours* qui emportent une idée de pluriel, ainsi qu'il en conste par les anciens documents : Vallis *Tinearum, Navarum*, de *Exertis*, de *Cellariïs*, de *Sœsarches* (Besson, loco citato) *Turrium* ; pour tous les autres l's est une anomalie. On lit, en effet : *Civinum, Fessonis, Munsterium* et plus anciennement *Musterium*; *Salinum, Verreni*. Ce qui exclut absolument toute idée de pluriel ; l's ne se prononce dans aucun de ces noms. — J'ai omis le nom Ugine d'où l's a disparu depuis quelque temps.

IX⁰

Noms en *ens* se prononçant *in*. Tessens et Verrens

où l's semble absolument parasite, et je serai d'avis d'écrire ces deux noms comme on les prononce *Tessin, Verrin*. Sans cela nous aurons bientôt *Tessans, Verrans*.

Xᵉ. *Noms terminés en y.*

14 noms sont terminés par la lettre *y* : Ce sont :
Champagny, Doucy, Blay, Ste-Foy, Gilly, Grésy, Héry, Longefoy, Mercury-Gemilly, Montagny, Peisey, Planey, Pussy, Arvey, Versoye. Dans aucun de ces noms la lettre y ne se prononce. Si j'excepte *Versoye* dont il faudrait maintenir l'orthographe parce que l'on dit *Versoyen*, et *Blay* et *Héry* à cause d'un nom de famille, je ne vois aucun motif de conserver cet y. Il serait d'ailleurs bien facile de produire des titres où il y a l'i simple dans la plupart de ces noms. Leur étymologie ne me paraît d'ailleurs aucunement le réclamer. Besson,*(loco citato)* écrit de *Sancta Fide*, de *Puiseio*, de *Mercurio*, de *Montagnaco*, de *Gilliaco*, de *Gemiliaco*, de *Cleriaco*. C'est au reste ce que l'on trouve dans les anciens procès-verbaux des visites pastorales des archevêques de Tarentaise.

XIᵉ. *Z. Dernière syllabe brève.*

Quatre noms se terminent par cette lettre. Ce sont : *Allondaz, Cohennoz, La Gurraz, Séez.* Elle ne se prononce pas.

Il serait difficile de justifier l'emploi de cette lettre. On trouve dans les documents : de *Allonda, Gurra.* Ne faudrait-il point voir dans l'emploi de cette lettre les vestiges de l'occupation espagnole? Je laisse à plus experts que moi la solution de cette question. Quoiqu'il en soit le z n'est nullement requis ni pour la prononciation, ni par l'étymologie ; il est au contraire nuisible comme je le dirai tout à l'heure. Quant au nom *Séez* je l'ai trouvé orthographié *Sçéz*, il vient de *Sextum*, et Besson (*loco citato*) dit : Ecclesia *de Sest* ; évidemment nous nous trouvons encore en face d'un z parasite et je reprendrai volontiers l'orthographe *Séez*, plus ancienne, mais avec suppression du z final.

Je crois, Messieurs, qu'orthographier les noms selon la prononciation du pays, ce serait rendre un grand service. Sans cette mesure nous n'aurons bientôt plus que des noms que nos paysans ne sauront comprendre, par exemple : La Gurasse, Allondasse, Rognaisse, Séesse, Tessanse, etc. etc.

On pourra me dire que cela nous mettra au niveau des personnes peu instruites. (Nos paysans ont une profonde antipathie pour les lettres inutiles à la prononciation.) Qu'importe s'il y a là une manière plus commode, plus stable et aussi, comme vous avez pu le voir par les quelques noms cités, plus logique et plus conforme à l'orthographe primitive.

XIV.

Les Articles. Un grand nombre de noms sont précédés des articles *le, la, les*. Il faut ce me semble absolument les conserver puisqu'ils sont employés dans le pays, et les conserver comme articles tels quels, en leur faisant subir les modifications et contractions exigées par les règles de la grammaire, ce dont on s'affranchit aujourd'hui avec une désinvolture touchante : et l'on dit : à le Bois, à les Avanchers, à les

Chapelles, etc., etc. Pourquoi ne pas dire ou écrire *au* ou *du Bois, aux* ou *des Avanchers,* etc. Ce mode défectueux ne date d'ailleurs chez nous que depuis 1860.

En ce qui concerne le classement de ces noms ne vaudrait-il pas mieux ne pas tenir compte des articles pour ne pas tomber dans le travers que je signale ci-dessus?

Il me semble, Messieurs, que cette question de l'orthographe des noms géographiques, déjà plusieurs fois traitée par des hommes d'une compétence bien connue, est d'une gravité exceptionnelle. Il serait bon peut-être que le Congrès nommât une commission composée de deux membres de chacune des sociétés savantes de la Savoie pour l'étudier à fond. Elle aurait pour mission spéciale d'adopter un mode ou principe d'orthographe, et de présenter au prochain congrès un travail complet sur l'orthographe du nom de chaque ville, commune, village, hameau et lieu quelque peu marquant des deux départements. Par ce moyen le Congrès pourrait statuer en parfaite connaissance de cause, et juger la question par les documents eux-mêmes et non plus sur de simples mémoires.

MIÉDAN-GROS,
Chanoine à Moûtiers.

LE BASSIN D'ALBERTVILLE

A L'ÉPOQUE ROMAINE.

J'ai traité des antiquités de ce pays dans deux ouvrages : *Mémoire sur les voies romaines de la Savoie*, 1863, et *Questions archéologiques et historiques sur les Alpes de Savoie*, 1871.

Deux questions restent à éclaircir ou à confirmer : la place de l'établissement des Publicains, fermier des impôts, et la limite entre les cités de *Darentasia*, de *Geneva* et de *Cularo* ou Grenoble.

Il ne faut point confondre, comme on l'a fait trop souvent, l'établissement des publicains et la station des courriers romains placée tout auprès, *ad publicanos* Pour fixer le lieu de cette dernière, il faut mesurer les distances données par l'*itinéraire d'Antonin* et la *Table Théodosienne*, en partant d'un point incontesté, comme *Lemencum*, village dont le nom s'est conservé, et au bas duquel devait être la station des courriers. On compte sur les vestiges de la voie romaine 16 milles romains jusqu'à Albigny. C'était la station de *Mantala*, ville dont les ruines se découvrent depuis St-Jean-de-la-Porte jusqu'à St-Pierre.

De là on compte encore 16 milles jusqu'au sommet de St-Sigismond. Là devait être la station des courriers romains.

Le bourg le plus rapproché sur la rive droite de l'Isère se trouvait entre Gilly et Aydier, comme l'établissent toutes les découvertes d'antiquités, à la distance de deux milles romains, trop éloigné, par conséquent, pour donner son nom à la station.

On ne lui donna pas non plus le nom d'un autre bourg, dominant le confluent de l'Arly et de l'Isère, *Ad Conffluentum*, parce qu'il était encore éloigné d'un mille.

La station des courriers dut donc prendre le nom d'un établissement tout voisin, celui des Publicains, fermiers des *Vectigalia, Ad Publicanos.*

De là à la prochaine station d'*Obilona*, il y a trois milles, qui aboutissent à Tours, puis *Darentasia* à XIII milles, qui atteignent Briançon. Il y a donc erreur. Il faut partir d'un autre point incontestable.

La station d'*Axima*, dont le nom s'est conservé dans Aixme, est assuré. Les X milles qui la distancent de *Darentasia,* se mesurent jusqu'au collège de Moûtiers, au delà duquel s'effectuait autrefois le confluent du Doron dans l'Isère. Les vestiges de cette ville, chef-lieu d'une cité, se retrouvent sous celle de Moûtiers, à chaque nouvelle fouille pour reconstructions. De là la mesure des XIII milles pour *Obilona* arrive au torrent de Beneton, sur la droite duquel se trouve encore le hameau des Roumains. Sur la gauche le nom de la station s'est transformé en Oblène, Ablène, Albine et enfin Arbine.

De là à la station de *Ad Publicanos* les III milles se mesurent à Tours. Mais, de St-Sigismond à Tours, nous en avons trouvé déjà trois. Entre St-Sigismond et Arbine, il y a donc, en réalité, VI milles au lieu de III, qu'on lit dans les itinéraires.

Cette difficulté ne peut s'expliquer qu'en appliquant ici l'observation faite par Muratori sur une inscription romaine de Saiquenay (Côte-D'or,) et adoptée dans l'*Annuaire de la société des Antiquaires de France, 1850*, page 245.

Le copiste du moyen-âge a négligé de réunir à leur base les deux montants obliques du chiffre V, et au lieu de VI on a lu III. La conclusion en est que la station d'*Obilona* était bien à Arbine,et celle de *Ad Publicanos* au nord de St-Sigismond.

Le nom de *Ad Confluentes* ou *Confluentibus* était connu à l'époque romaine, puisqu'on le trouve dans les mêmes itinéraires au confluent de la Moselle dans le Rhin, d'où le nom de Coblentz, etc. Si donc il n'en est pas question ici, c'est que la station n'était pas au bas de Conflans.

Elle n'était pas même sur les bords de l'Arly; car alors elle aurait figuré dans l'itinéraire de *Darentasia* à *Geneva*, où l'on ne rencontre de stations intermédiaires que *Casuaria et Boutas* (Annecy). Conséquemment la station des courriers *Ad Publicanos* était en dehors de cette ligne, dont les vestiges se continuent sous Thénésol et Marthod, et à Outrechaise. Notre station était donc à St-Sigismond, dont j'ai rappelé ailleurs les antiquités.

Parmi les *Vectigalia* que les publicains affermaient du gouvernement, il faut noter le *portorium pontis*, qu'il n'était guère possible de percevoir ailleurs qu'au passage du pont sur l'Arly, surtout si cette rivière était une limite provinciale, comme on le verra plus loin.

Les monnaies romaines trouvées près du bétonnage antique de la rive droite sont des deux premiers siècles de notre ère. J'ai publié déjà toutes les antiquités trouvées au sommet et au fond de la ville d'Albertville, à plusieurs mètres de profondeur. Il me paraît évident que c'est sur les ruines de l'établissement des publicains que plus tard se sont installés les Hospitaliers de St-Jean-de-Jérusalem, dont le nom est resté au quartier de la vieille Eglise.

Un des objets les plus importants du fermage des publicains était l'impôt du quarantième sur toutes les marchandises. Un souvenir en est resté. Avec le numéraire considérable, dont disposaient les publicains, ils pouvaient acquérir des campagnes autour de leur établissement. Ainsi un de leurs fermiers ou régisseurs, *Mithres, sociorum quadragesimœ villicus*, éleva à Allondaz un monument aux Mères, *Matris,* les protectrices de chaque localité, *Matrœ* ou *Matronœ* et *Dominœ*, dont le culte était répandu à Aixme, à Arbin, à Aix, à Brison-St-Innocent, à Aoste, à Vienne, etc.

Il va sans dire que le dieu du commerce, Mercure, avait des dévots dans le pays, ainsi que le constatent les inscriptions et statuettes de Gilly, d'Aydier, de Verrens, de Mercury, qui en a gardé le nom. Un auteur moderne a eu la bonhommie de le prendre pour un St Mercure, dont il n'y a de traces nulle part.

Le passage d'Albertville fut, l'an 69 de notre ère,

le théâtre d'une rixe entre les partisans d'Othon et de Vitellius, que j'ai reproduite ailleurs.

J'ai présumé que le plateau de Venthon, ou, comme on l'écrivait autrefois *Vantzon*, n'était que la syncope de *Vantusicon*, prononciation romane du *Vatusicum*, où se tenait, selon Pline, XI et XIV, le marché aux fromages Ceutrons, provenant des vallées de Beaufort et de Tarentaise.

Le numéraire recueilli par les publicains fructifiait entre leurs mains; ils étaient *Mensarii*, banquiers. Le mouvement de cette industrie était favorisé par leur situation aux confins de trois cités et de deux provinces. C'est la seconde question de mon programme.

Les Allobroges devenus citoyens romains se faisaient inscrire dans la tribu *Voltinia*, dont le titre se rencontre si souvent dans la Viennoise, dont dépendaient les cités de Genève et de *Cularo* ou Grenoble. Nous trouvons à St-Jean-Puy-Gauthier *Publius Sucretius parvolus,* à Frête-Rive *Julius Fronto,* à St-Sigismond *Sextus Julius Senior*. Ce dernier était de Valence, comme *Lucius Cassius Bassus* à Thénésol, et dont le nom se retrouve à Genève. *Sextus Julius Senior* est de la même famille que *Sextus Julius Optatus* d'Annecy. Le *Sextus Atilius* du votif d'Apollon à Gilly et du votif de Mercure à Aydier serait-il le même que le *Sextus Atillus* d'Annecy?

Les membres de la tribu *Voltinia* ont deux inscriptions à Annecy, deux à Talloires, une à Lornay, une à St-Marcel, une à Rumilly, une à Albens, une à Passy, etc.

On n'en trouve point en Tarentaise. Ce pays ainsi

que le Vallais a été soumis aux Romains à une autre
époque et dans d'autres conditions que celui des Allobroges; ils ont fait partie d'abord d'un gouvernement
militaire avec Aoste. Les citoyens des trois cités
d'*Augusta,* de *Octodurus* et de *Darentasia* se faisaient
inscrire dans la tribu *Sergia*, ainsi que le constatent
les inscriptions de ces vallées.

On en peut donc conclure que la cité des Centrons ne
dépassait pas l'Arly. Et, de fait, on ne pourrait guère
concevoir que les populations répandues sur la rive
droite de ce torrent, et de l'Isère depuis leur jonction,
eussent leur centre à Moûtiers.

L'Arly était donc la limite entre la cité de *Darentasia* d'une part et celles de *Genève et de Cularo* de l'autre.

Dès la Tétrarchie de Dioclétien, en 292, les cités de
Darentasia et d'*Octodurus* (Martigny) n'appartiennent plus à l'Italie. Elles forment la province des Alpes
graies et Pœnines ressortant du diocèse civil des Gaules dont le prétoire était à Tréves.

Mais les deux cités de Genève et de *Cularo* formaient avec plusieurs autres cités la province Viennoise, ressortant du diocèse civil de la Viennoise, qui
embrassait plusieurs autres provinces.

Le cours de l'Arly et en partie le cours de l'Isère
étaient donc encore une limite non-seulement de deux
provinces, mais de deux gouvernements, celui de la
Gaule et celui de la Viennoise, et soumis, le premier
au César Constance Chlore, et le second à l'empereur
Maximilien Hercule, d'après l'organisation de la Tétrarchie, dont le tableau a été publié par M. Momsen,

sur le manuscrit de Vérone, de 297. Il en était ainsi déjà lorsque les Ceutrons dépendaient du gouvernement militaire de la Haute Italie, comme l'ont constaté Strabon, Pline et Ptolémée.

Les diocèses ecclésiastiques n'eurent d'abord que les titres et les confins des cités civiles romaines. Mais à l'invasion des Barbares au Vᵉ siècle, ce principe ne fut plus suivi régulièrement. C'est ainsi que le diocèse de Tarentaise, créé en 426, après l'occupation burgonde, et doté par le chef même de la nation, s'étendit au Nord jusqu'au confluent de la Chaise et de l'Arly, au Sud jusqu'au ruisseau de Formeux, entre St-Vital et Montailleur, et, entre ces deux extrémités, par les crêtes de montagnes, en comprenant le plateau de Tamié.

Aucun document ni monument n'a donné encore la limite primitive des deux cités de *Genava* et *de Cularo*, entre Ugines et Grésy. On présume toutefois que le *pagus Sabaudia*, qui dépendait de *Cularo*, comprenait le bassin d'Albertville.

C.-A. Ducis.

CONTRIBUTION

À

l'Histoire de la ville de St-Jean-de-Maurienne

Pendant la période romaine (3e siècle).

par FLORIMOND TRUCHET, pharmacien.

———————◇———————

Dans les fouilles qui furent pratiquées en 1845, à St-Jean-de-Maurienne, pour la construction de l'aile droite de l'évêché, soit la continuation du portique, on avait trouvé des sépultures, dont l'une renfermait, dans un cercueil d'ardoises, un squelette flanqué d'une épée, qui ne fut pas conservée.

En 1860, on démolit un gros massif de vieilles maisons, et l'on fit des fouilles considérables pour la construction de l'Hôtel-de-Ville, on rencontra encore de nombreuses sépultures dans les mêmes conditions, c'est-à-dire que les squelettes d'une extrême friabilité étaient couchés dans des cercueils d'ardoise. On croyait que ces sépultures étaient gallo-romaines ou burgondes. On trouva aussi de nombreux fragments de poteries, à pâte noirâtre peu cuite, et offrant à l'intérieur des grains de sable siliceux, qui paraissent y avoir été introduits pour la consolider.

La partie, que j'appellerai corticale, de ces poteries est d'une couleur beaucoup plus foncée que le reste, jusqu'au tiers environ du fragment, tandis que la partie interne qui paraît avoir subi une chaleur moins intense est restée grise. La panse du vase est décorée d'un motif d'ornementation composé de triangles ou coins se succédant irrégulièrement quoique sur une ligne assez suivie, et rappelant de loin un fouillis de caractères cunéiformes, analogues à ceux qui décorent certains vases trouvés dans les stations préhistoriques de nos lacs de Savoie ou de la Suisse.

On y trouva encore d'autres poteries plus récentes et même un massif de verre verdâtre fondu et tout craquelé par un refroidissement trop subit, appliqué sur un fragment de vase en terre noire, mais si irrégulièrement qu'il n'est pas le cas de le prendre pour un émail. D'ailleurs l'émaillage des poteries ne remonte pas à une aussi haute antiquité.

Plus tard, dans les fouilles opérées pour la construction d'une cave, maison Jacomin, on trouva encore des sépultures avec des ossements si friables qu'il fut impossible de les recueillir, mais les poteries qu'elles contenaient furent conservées.

C'est d'abord une buire de forme conique, en terre grossière avec une anse et un bec, puis une élégante coupe, en terre de Samos, très aplatie, avec une décoration en relief de feuilles cordiformes rappelant celles du lizeron. Ce joli plateau contenait encore des ossements, les fragments de la mâchoire inférieure d'un ruminant, probablement d'une chèvre; pieuse offrande que les parents avaient déposée dans le cercueil du défunt.

Un autre vase ayant la forme d'une écuelle sans

anses et aussi en pâte samienne offre à l'œil de jolis ornements contenus dans des cartouches carrés. Ce sont un coq, un caducée, une femme assise, le tout d'un magnifique dessin. Les mêmes ornements sont répétés sur l'autre moitié de l'écuelle qui a été moulée par la pression de l'argile molle dans une matrice creuse et dont les bords et l'intérieur sont terminés au tour.

Plus tard encore, lors de la construction de la maison Pomi, rue Neuve, on trouva à une profondeur de 3 m. 50 c. environ au-dessous du sol de la rue, de nombreux débris de poteries, des briques à rebords et à cannelure centrale, d'énormes anses et des gorges d'amphores en terre rouge et grise grossièrement modelées et paraissant dues à la fabrication locale.

Tous ces débris sont évidemment romains, mais il était difficile de leur assigner une date précise.

Actuellement, on vient de démolir dans la même rue, une vieille maison, pour la reconstruire, et on y a creusé des caves s'enfonçant jusqu'à la profondeur de 4 m. 50 c. au-dessous du niveau de la rue Grenette.

La première découverte qui y a été faite est un amas de blé carbonisé situé environ à 2 m. 50 c. au-dessous du dit niveau, et recouvert d'une couche d'argile verdâtre très fine d'une épaisseur de 0 m. 50 c. environ.

Immédiatement au-dessus et au-dessous du blé se trouvait une couche peu épaisse de terre rougeâtre, mêlée de fragments de charbon et d'ardoises rougies au feu. Ces caractères indiquent suffisamment qu'un incendie a eu lieu en cet endroit.

Les grains de céréales carbonisés, mais non déformés, sont un mélange de froment, de seigle, d'orge, et même d'avoine dont les balles sont reconnaissables, bien que sous l'influence de la chaleur ils aient subi une espèce de contraction qui les a rapetissés sans les déformer. Il y avait aussi en ce lieu une grande quantité de briques et de tuiles romaines en terre grise et rouge. L'on mit encore à jour, à ce niveau, une médaille de cuivre de l'empereur romain Magnence, cette pièce si bien conservée qu'on la peut dire fleur de coin porte sur l'avers cette légende :

Dominus Noster MAGNENTIVS

Pius Félix AVGustus

La tête de cet empereur est nue et tournée à gauche.

Sur le revers on lit en exergue cette inscription :

VICTORIAE Dominorum Nostrorum AVGustorum

ET CAESarum.

Au centre se voient deux victoires ailées tenant un bouclier ou cartouche où se lisent ces mots :

VOT

V

MVLT

X

Et enfin au-dessous les lettres de l'atelier monétaire A Q P. Notons que l'empereur Magnence mourût en 353.

Les fouilles continuant ont mit à découvert de très nombreux fragments de cette magnifique poterie samienne, d'une pâte si pure avec des dessins d'une grande élégance, mais dont il n'a pas été possible de reconstituer un seul vase en entier. La plupart de ces vases étaient moulés, dans une matrice creuse, les autres étaient tournés.

A 2 m. 50 c. environ au-dessous du niveau actuel de la rue Neuve et à 4 m. 50 c. environ au-dessous de celui de la rue Grenette, qui lui est parallèle, on rencontra une mâchoire inférieure de sanglier, dont les puissantes défenses présentaient encore les traces d'un coup violent porté par une hache tranchante, puis des ossements adultes de ruminants de petite taille, ovidés ou cervidés, de chevreuil probablement.

Enfin vers le milieu des fouilles, on trouva une portion de voûte surbaissée, complètement noyée dans un banc d'alluvion argilo-schisteux provenant d'une inondation du torrent de Bonrieux. Le plafond de cette voûte en pierres réfractaires était encore tapissé d'une épaisse couche d'une suie grasse et onctueuse, puis à quelque distance de là, on trouvait des morceaux de fonte de fer oxydés dans un amas de scories siliceo-ferrugineuses identiques à celles que produisent encore de nos jours les hauts-fourneaux où l'on travaille le minerai de fer pour le transformer en fonte.

Au même endroit on trouva aussi une très belle médaille en bronze de Julia Mamea, mère d'Alexandre Sévère, portant en avers cette inscription :

IVLIA MAMAEA AVGVSTA

L'effigie présente une tête de femme, tournée à gauche, coiffée et diadémée d'un beau profil ferme et sévère.

Au revers on lit en exergue les mots :

FELICITAS PVBLICA

Au milieu, une femme, personnage allégorique, la Félicité, debout, appuyée sur une colonne, et tenant à la main un caducée est accompagnée à droite et à gauche des lettres S. C. (Senatus consulto.)

Au même point fut encore trouvé un style en bronze d'un beau galbe, ciselé de fines hachures, et avec cette partie plate et polie de la tête qui justifie l'expression d'Horace : *Sepæ stylum vertas,* alors que l'écrivain romain voulait effacer les caractères gravés dans la cire molle de ses tablettes.

Tout auprès se trouvait un grain de collier de forme ovoïde et cannelé, en grès vert ou en amphibole, mais devenu friable à la surface par l'action d'un feu violent, action décelée par la coloration rouge brique de l'argile qui en remplit le trou central.

Toutes ces trouvailles opérées dans un périmètre qui est encore occupé aujourd'hui par le centre de la ville, nous donnent la preuve qu'elle est encore aujourd'hui située au même endroit qu'elle occupait déjà au 3e siècle, malgré les inondations réitérées des torrents de Bonrieux et de la Torne, dont il est facile de reconnaître jusqu'à six couches de dépôts alternatifs et leur origine spéciale, les alluvions de la Torne offrant une teinte jaunâtre, tandis que ceux de Bonrieux sont d'un noir ardoisé, et ont pu être étudiés sur une épaisseur d'au moins 5 mètres.

Jusqu'à présent, on attribuait à la ville de St-Jean-de-Maurienne une haute antiquité, mais on n'en avait pas de preuve bien authentique. Le fait d'avoir trouvé à cette profondeur, dans les débris d'un incendie recouverts par les alluvions de Bonrieux, une médaille de Julia Mamea, mère d'Alexandre Sévère qui régna de 222 à 235 de notre ère et mourut en même temps que lui, nous permet de constater l'existence de notre ville au 3ᵉ siècle, d'une manière d'autant plus certaine que dans les alluvions supérieurs et par conséquent postérieurs, on trouve aussi une autre médaille de l'empereur Magnence qui mourut en 353, soit 118 ans après Julia Mamea.

Nous ajouterons que notre ville, qui passe pour avoir été la capitale des Garocelles, devait être déjà, au 3ᵉ siècle, un centre industriel, puisqu'on y trouve qu'à cette époque l'industrie du fer y était pratiquée, et que les pièces de céramique de luxe y étaient répandues. On y comptait dans sa faune de plus qu'aujourd'hui, le sanglier et le chevreuil. J'oserai même dire que les lettres y étaient cultivées, puisque le style y était employé.

FLORIMOND TRUCHET

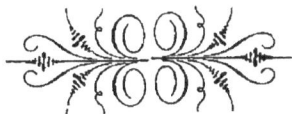

ALBERTVILLE

AVANT QU'ELLE EUT CE NOM

Messieurs,

Ici même où s'élève comme par enchantement une ville élégante et pleine d'avenir, existait depuis des siècles une bourgade dont le passé n'est pas sans gloire. Oui, ici où nous sommes, des hommes vivaient il y a vingt, trente, quarante siècles. Ils appelaient ce beau pays leur patrie et comme nous ils l'aimaient.

Placer sous les yeux de la génération présente le tableau du passé d'Albertville, faire revivre pour nous, autant qu'il est possible, les anciens habitants de nos contrées, telle est l'idée que je nourris depuis longtemps. Mais pour être menée à bonne fin, cette œuvre patriotique exige le concours de tous. Il faut que chacun apporte sa pierre historique de cet édifice du passé qu'il s'agit de reconstruire pièce par pièce; il faut que chaque famille, un peu ancienne, fouille et refouille dans ses archives où l'on ne manquera pas de retrouver un nom, un titre, une date, un fait se rapportant aux temps anciens; il faut aussi que les archives publiques soient explorées avec soin par des mains habiles et expérimentées, et ne restent plus un trésor enfoui, et partant inutile.

Messieurs les représentants des Sociétés savantes

de la Savoie, permettez-moi de faire un appel à l'intérêt que vous portez à tout ce qui concerne l'histoire de notre commune et bien-aimée patrie, et de vous prier de vouloir bien nous faire part des faits, documents, inscriptions relatifs à cette localité, que vous auriez pu trouver et recueillir dans vos précieux cartons.

Quant à moi, tout ce que je puis faire, c'est d'exciter les hommes de science à la recherche et à la découverte des titres et des faits anciens, et de livrer, de mon côté, à la publicité tout ce que je pourrai découvrir concernant l'histoire de notre cité.

Il n'y a peut-être pas un centre de population qui ait changé de nom autant de fois que celui-ci. *Ad Publicanos*, *Villafranchâ*, *St-Jean-Baptiste de Jérusalem*, *L'Hôpital* et enfin le nom royal d'*Albertville*. Toutes ces appellations exigeraient des dissertations variées et pleines d'intérêts pour les amis de leur pays. Ici nous ne pouvons qu'effleurer ce vaste sujet.

Vu la beauté de son site et de ses environs, et surtout sa position admirable au débouché de plusieurs vallées, Albertville a dû indubitablement jouer un rôle d'une certaine importance dès les temps les plus reculés.

On sait que l'Arly séparait les terres des Allobroges de celles des Centrons, peuples dont les historiens de Rome ont décrit et célébré la valeur. D'après l'opinion de plusieurs auteurs, ce serait ici, sur les bords de l'Arly, que l'escorte des Allobroges, dont Annibal avait obtenu l'amitié, lui fit ses adieux. (Voir Roche, Courtois, etc.)

Après la réunion de nos vallées à l'empire romain, ce lieu fut nommé *Ad Publicanos*, et devint une station de la grande voie romaine qui, franchissant les Alpes grecques (Petit-St-Bernard), se partageait ici en deux routes, l'une sur Vienne en Dauphiné, et l'autre sur Genève.

De là on peut certainement conclure que les Romains ont trouvé ici une ville ou bourgade, et que, selon leur habitude, ils ont changé son nom ancien en celui de *Ad Publicanos*. A Rome, on nommait *publicains* les fermiers qui étaient chargés du recouvrement des deniers publics. De là le nom de *Ad Publicanos* donné aux localités où ils avaient établi leur quartier central.

Après la chute de l'empire romain, Albertville passa par les phases diverses des autres parties de la Savoie. (Voir dans Roche un précis intéressant sur ce sujet.)

Disons en passant qu'en faisant des canaux dans cette ville, on a trouvé, à quelques pieds au-dessous du sol, des pavés indiquant d'anciennes rues. Un creux de 20 à 25 pieds, destiné à l'usage d'un puits, a fait découvrir à cette profondeur, des murs larges et solides. Ce serait là l'indice d'habitations superposées en différents siècles sur les alluvions de l'Arly.

VILLEFRANCHE

Les antiquaires savaient qu'il y avait existé dans ce pays une ville nommée *Villafrancha*, mais ils n'étaient pas d'accord sur son emplacement; les uns la plaçaient ici, et les autres, près du village de Gilly, vers les ruines du temple de Cérès. Aujourd'hui, la question est tranchée. D'après les documents que j'ai trouvés dans les archives de cette paroisse, *Villafrancha* est un des divers noms anciens que notre cité a portés successivement.

D'où vient le nom de Villefranche? A quelle époque et à quelle occasion, ce nom a-t-il été donné à notre cité? Questions à élucider et que nos sociétés savantes finiront par résoudre tôt ou tard.

St-JEAN-BAPTISTE-DE-JÉRUSALEM.

Quant à cette appellation, il est évident qu'elle vient d'un établissement que les Hospitaliers de St Jean-Baptiste-de-Jérusalem avait à Villefranche. Quelle était la nature de cet établissement? D'après un acte de vente dont nous donnerons plus loin un précis, il est certain que les Hospitaliers n'avaient pas ici une commanderie, mais une espèce de centre pour les rentes et censes qu'ils possédaient dans ces vallées, et que le dit acte indique comme dépendantes *du chef de L'Hôpital.*

QUELQUES EXTRAITS D'ANCIENS TITRES.

Dans un acte notarié du 23 avril 1502 on lit : *Ecclesiæ pœrochialis Sancti Johannis de Jerusalem villæfranchæ hospitalis* : « Eglise paroissiale de St-Jean-de-Jérusalem, Villefranche hospitalière (ou de l'Hôpital). Cette longue appellation est un peu et diversement abrégée dans ce même acte. Ainsi dans un endroit on lit : *Aymonis Joris... Burgensis et habitatoris Villæfranchæ hospitalis* : « Aymon joris... bour-

geois et habitant de Villefranche de L'Hôpital. »
Dans un autre endroit on trouve : *Sancti Johannis de
Jerusalem Villœ hospitalis* : « St-Jean-de-Jérusalem
ville de l'Hôpital ou hospitalière. »

Dans cet acte il s'agit de la fondation d'une cha-
pellenie en l'honneur de Notre-Dame-de-Grâce ou de
compassion dans la dite église paroissiale, en remplacement d'une plus ancienne dont les fonds s'étaient
perdus. On est en droit d'en conclure qu'une église
paroissiale existait ici depuis assez longtemps. M.
l'abbé Trémey, l'infatigable dénicheur des vieux par-
chemins, doit publier des documents relatifs à cette
question.

Dans ce même acte nous voyons que notre ville avait
alors pour curé un religieux de l'ordre de Rhodes,
nommé Claude Gillet. « Venerabilis et religiosi viri
fratris Claudii Gilleti ordinis Rodi curati moderni
dictœ ecclesiœ parochialis.» Dans un autre acte également notarié et daté du 22 février 1529 nous lisons : *In
ecclesia sancti Johannis Jesosolimitani prope Conflen-
tum* « Dans l'église paroissiale de St-Jean-de-Jérusalem près Conflans. » Je lis ce qui suit dans un
acte du 23 mars 1530 : *In ecclesia parochiali hospitalis
Sancti Johannis Baptistœ membri Rodi*. « Dans l'église
paroissiale de St-Jean-Baptiste, membre de Rhodes. »
Dans les deux siècles suivants notre ville est désignée
à peu près uniformément dans les titres en latin : *Para-
chia Sancti Joannis Baptistœ loci hospitalis*. Et ces
deux mots *locus* hospitalis ont été exprimés en français par un seul : *L'Hôpital*.

Il faut remarquer que le mot *hospitalis* est tantôt

adjectif et tantôt substantif. L'Ordre des Hospitaliers de St-Jean-Baptiste-de-Jérusalem, connu plus tard sous les noms de Chevaliers de Rhôdes et de Maltes, et qui devint un ordre militaire à l'époque des croisades, avait à Jérusalem une église dédiée à St-Jean-Baptiste et un hôpital pour les pèlerins en Terre Sainte, faveur qu'ils avaient obtenue du Calife d'Egypte moyennant une redevance annuelle. Les religieux qui desservaient l'Hôpital furent nommés *les Hospitaliers de St-Jean-Baptiste de Jérusalem*. De là le mot *hospitalis* accolé à toutes les localités où ils possédaient des rentes, des biens-fonds, des droits seigneuriaux ; mais il ne s'en suit pas qu'ils eussent partout des hôpitaux dans le sens strict du mot.

M. Lombard, ancien maire de Marthod, m'a communiqué un testament en date du 18 novembre 1539. J'y ai trouvé un passage précieux pour l'objet de nos recherches. Il s'agit d'un legs à perpétuité fait à la confrérie du Saint-Esprit érigée dans la paroisse de Marthod, mandement de Cornillon. Le legs consistait en huit coupes de vin rouge et en deux cartes de froment selon la mesure de Villefranche hospitalière ou de L'Hôpital, *ad mensuram villæ franchæ hospitalis*. Comme on le voit, nous retrouvons ici le nom de *Villefranche*, et cette localité était assez importante pour que les mesures qu'elle employait, servissent de base et de mesure aux communes environnantes.

Malgré le nom tout court de *L'Hôpital* employé dans les actes publics depuis assez longtemps, les anciens noms de Jean-Baptiste-de-Jérusalem et de Villefranche se sont conservés pendant près de deux siècles parmi les habitants de cette ville. Une personne, morte en 1876, à l'âge de 86 ans, m'a souvent répété que dans son jeune âge on appelait *Jérusalem* le plateau sur lequel existe encore l'ancienne église, ainsi que les maisons adjacentes, et *Villefranche* la bourgade bâtie au pied du monticule.

Précis de l'acte de vente des Chevaliers de St-Jean-Baptiste-de-Jérusalem faite aux religieuses Bernardines de Conflans.

Frère Jean-Paul Lascaris Castellard, grand-maître des ordres de St-Jean et du St-Sépulcre de Jérusalem, obtint, en 1633, une bulle du pape Urbain VIII, qui l'autorisait à vendre et à aliéner les membres dispersés et éloignés de Chambéry, chef-lieu d'une commanderie du dit ordre, et dépendant de la vénérable langue d'Auvergne.

La vente eut lieu à Chambéry, le 28 mai 1671.

A cette date, c'était l'illustre seigneur frère Hector Dufay Latour Maubourg, chevalier de l'ordre, qui était commandeur de Chambéry et de ses Annexes.

Le dit commandeur avait fait publier diverses fois cette vente rière Conflans, l'Hôpital, Ste-Hélène-des-Millières, Ugine, St-Vital, Bâthie, Tours, Queige, Hauteville en Tarentaise, et autres endroits où les dits biens sont situés, dispersés et éloignés.

Cette vente comprend quatre choses :

1° Les rentes. Le montant n'en est pas indiqué. Il faudrait consulter les terriers remis aux Bernardines, et qui ont dû être transportés aux archives départementales à l'époque de l'annexion à la France.

2° Les droits seigneuriaux.

3° Les biens-fonds. Il n'y en avait qu'ici et à Queige. A l'Hôpital, un pré de 23 sautorés et une vigne de 30 fosserés. *Item*, les biens et possessions de Queige et Bonnessine, appelés Lodes, où il y a une chapelle, une grange et douze journaux de terre.

4° Les droits de patronage sur la cure de l'Hôpital et la chapelle de Bonnessine.

Cette vente a été faite pour le prix de seize mille florins, monnaie de Savoie, aux révérendes dames religieuses Bernardines de Conflans, au nombre de vingt-trois, toutes nommées dans l'acte.

Elles avaient constitué pour leur procureur noble et révérend messire Claude-François de Bongain, prêtre et chanoine de St-Pierre de Moûtiers.

Il est digne de remarque que dans cet acte de vente, non plus que dans les autres sus-mentionnés, rien n'indique qu'il y ait eu ici un hôpital ou hospice quelconque.

ALBERTVILLE.

Il y a quelques années, j'ai publié des considérations sur ce qu'on pourrait appeler *la philosophie des noms*. J'ai émis cette thèse que *tout ce qui est destiné à quelque chose de grand, a toujours reçu comme un second baptême et un nom nouveau*, thèse que j'ai appuyée sur un grand nombre d'exemples tirés soit des livres bibliques, soit des Annales de divers peuples.

Notre antique cité étouffait dans ses limites trop circonscrites; une force latente d'expansion la poussait invinciblement à s'étendre; il fallait à son activité une plus grande sphère d'action. Mais pour se faire agréer de ses voisins qu'elle devait tôt ou tard inévitablement absorber, il lui fallait un nom nouveau ; sous son ancien nom, elle n'aurait pu se faire accepter sans réveiller mille vieilles rivalités. Instinctivement et sans avoir nettement la conscience de ce qu'elle faisait, elle chercha à se donner une nouvelle appellation en harmonie avec la nouvelle destinée qu'elle entrevoyait poindre dans les horizons de l'avenir. Et ce nom nouveau dont elle sentait le besoin, elle demanda au monarque qui faisait alors la gloire et les délices de ses peuples, Charles-Albert.

D'après tout ce qui précède, il ressort évidemment que nos ancêtres ont dû jouir un rôle, non sans gloire à l'époque des croisades et de la chevalerie religieuse et militaire. Quoi qu'en ait dit des esprits superficiels, c'est grâce à elles que l'Europe n'a pas vu pénétrer jusque dans son sein les flots de l'invasion musulmane.

Comme autrefois, les habitants de cette ville sauront toujours prendre une part active à toutes les nobles et grandes causes qui intéressent véritablement l'humanité.

LÉPINE.
Curé-archiprêtre,
Chanoine honoraire.

TROUSSEAUX DE MARIÉES

AUX XVIe et XVIIe SIÈCLES EN SAVOIE

Les contrats de mariage enregistrés au Sénat de Savoie sont assez nombreux. On recourait à cette transcription lorsqu'on avait besoin de consulter fréquemment un acte, ou que l'on craignait de voir disparaître une pièce importante. C'est ainsi qu'en juin 1722, Jean-Gaspard Bochex, à la veille de partir pour Lille en Flandre, fait enregistrer le contrat de mariage de Claude François Bochex (son père probablement), citoyen romain, demeurant à Flumet, qui y avait épousé, le 30 janvier 1687, Bernardine Guillermine, fille de Jacques-Estienne Dorset (1) en son vivant capitaine au régiment de l'avant-garde du Roy de France, parce que, dit-il, la minute de l'acte ayant été détruite dans l'incendie général de Flumet, il craint de perdre au cours de son voyage la copie qu'il en possède.

C'est à l'occasion d'un procès, qu'est transcrit au Sénat le contrat de mariage passé au château de Colombes près Paris, le 3 septembre 1669 entre

---

(1) Il est assez surprenant de rencontrer à Flumet ces deux étrangers : un italien et un anglais au service de la France.

Alphonse Montillet, apothicaire à Rumilly, faisant alors son apprentissage à Paris, et la demoiselle Ouwingt qui était au service de la Reine mère du Roy de la Grande Bretagne (1).

Ces deux contrats et la plupart des autres ne contiennent pas le détail des objets constituant le trousseau, ou plutôt *trossel,* comme on disait alors. On se borne à dire qu'il sera conforme à la coutume et à la condition des époux. J'ai pu cependant trouver neuf contrats de mariage de personnes de conditions diverses, où se rencontrent des détails intéressants pour l'étude du costume des femmes en Savoie, au seizième et au dix-septième siècles, des indications sur les bijoux, les robes et nippes diverses d'un trossel, ainsi que sur leur valeur.

Les voici par ordre chronologique.

(1) Henriette Marie, la dernière fille d'Henri IV ; veuve de Charles Ier, mère de Charles II, de Jacques II et d'Henriette de France.

I.

Chambéry, 15 Janvier 1570.

Contrat de mariage d'Antoine Girod, notaire ducal, procureur au baillage de Savoie, bourgeois de Chambéry, et d'honnête Claudine Genin, fille de Claude Genin, bourgeois de Chambéry, reçu par le notaire Desmenisse.

La dot constituée est de 4362 florins et 6 sols ; puis, pour le trossel et fardel de la dite épouse :

Une jupe de moëlle verte (1) de 4 aunes et demie(2) estimée avec ses garnitures à 102 florins; 1 habit de papeline (3) de 10 aunes qui revient avec ses garnitures à 60 florins; une juppe de taffetas moncayard (4) incarnat à quatre lays (lés), évaluée 40 florins; un habit de bure d'Arles (5) de 40 florins; deux douzaines de linceuls de ritte (6) de quatre aunes et demie la pièce ; quatre douzaines de serviettes dont trois

---

(1) Moëlle, plus loin on a écrit muelle de soie bleue (pièce IX). Ce mot ne se trouve pas dans les dictionnaires avec la signification d'étoffe. On voit dans Bescherelle, muelle : nom ancien d'un cuir très-fort. L'étoffe dont il s'agit était peut-être un tissu épais; ou bien, si l'on tient compte de l'étymologie de muelle, un tissu à reflets changeants, dans le genre des étoffes de soie gorge de pigeon.

(2) Aune. Sa longueur en Savoie était de 1 mètre 14 centimètres.

(3) Papeline. Etoffe tramée de fleuret appelée ainsi parce qu'elle se fabriquait à Avignon terre papale. On dit maintenant popeline, par altération.

(4) Moncayard. Moncayart, d'après Bescherelle. Ce mot qu'on ne trouve ni dans Littré, ni dans le Dictionnaire de l'Académie, est le nom d'une sorte d'étoffe de laine (voir pièce IV).

(5) Bure, burat ; étoffe commune de laine ; ne pas confondre avec burail.

(6) Ritte, la partie la plus fine du chanvre peigné, par opposition à l'étoupe. Ce mot, dans Littré, est écrit riste, et l'auteur fait prononcer la lettre *s*; je crois, au contraire, que notre orthographe de Savoie prouve qu'il faut prononcer comme s'il n'y avait pas d'*s*. Du reste, même avec l's, il faut prononcer *ritte*, comme dans l'ancien mot, il *fist*, et autres semblables.

douzaines sont deslyées (déliées, fines) et une grossière, toutes à la petite venise (1) ; trois douzaines de chemises; trois douzaines de devantiers (2) ; treize coiffes de toile deslyée, dix-huit nappes, dont six à la petite venise, deslyées, et les autres de triëge (3); huit couvre-cols de toile (4); une couverte de lit de toile d'Holande ;

Deux chaînes de petites perles fines, l'une faisant huit tours par le col; l'autre, quatre; pesant ensemble une once, un denier et demi. (Archives du Sénat. Registre 53.

II.

Megève. 1 septembre 1593.

Contrat de mariage passé à Megève dans la maison forte de noble Aymé Grosset, père de la future, entre Jacques Morrier, châtelain perpétuel du mandement de Jencioux et demoiselle Pernette Grosset, veuve de Georges Cordier, de Sallanches. La future se constitue en dot douze cents florins de douze sols de Savoie; deux robes de drap de couleur noire, chacune bandée

---

(1) Petite venise et plus loin Grain d'orge, noms de petits dessins de nappes et serviettes. Le second s'est conservé; le premier n'est plus en usage à Chambéry.

(2) Devantiers . tabliers. Devantier ou devanti s'emploie encore dans beaucoup de villages en Savoie.

(3) Triège : toile croisée, coton et fil; un peu grossière.

(4) Couvre-cols. Cet objet de toilette me paraît le même que les rabas, ou rabats des pièces suivantes.

de deux bandes (1) velloux noir (velours); une autre
robe de charge (2) de Rouen, couleur noire; une
autre de drap de couleur violette, bandée de velloux;
un manteau de femme de drap noir, quatre cottes de
diverses couleurs. Les cottes étaient des jupes; aussi
quand on emploie ce dernier mot, ne parle-t-on pas
de cottes, et réciproquement. (Arch. du Sénat. Registre 47.

III.

Seytenex. 23 novembre 1612

Contrat dotal d'une paysanne reçu par les notaires
Bartholomé, Truchet et Jean Capré, de Faverges, aux
Combes de Seytenex, entre Louis feu Claude Ancillion de Thorier de Cruet, paroisse de Chevron et l'Ai-
maz (Emma) fille de Claude Donzel des Combes de
Thamié, paroisse de Seytenex (3). Le père donne à sa
fille (qui n'assiste pas au contrat) 550 florins, une vache lactifère recevable (4), et outre ses accoutrements

---

1 Bandes de velours. Bandes horizontales placées à la jupe indiquant, actuellement encore —, dans certaines communes de la Tarentaise, — que la fille qui les
porte a autant de fois mille francs de dot qu'il y a de bandes.

2 Charge et chargette; mauvaise prononciation de sarge et sargette. (V. pièces
VII, IX.) La sarge ou serge était une étoffe légère de laine croisée. D'après Chiffet,
Grammaire, page 182, le peuple dit serge, la cour dit sarge.(Littré, au mot serge.)

3 Les Combes de Tamié et les Combes de Seythenex indiquent la même localité. Le nom d'Ancillion ne serait-il pas né du voisinage immédiat du couvent de
Tamié; domestique, enfant de domestique.

4 Vache lactifère recevable; vache laitière. Le mot recevable signifie qu'un
objet est de bonne qualité, et qu'il doit être accepté par la personne à qui on le
remet pour s'acquitter d'une obligation. Il est d'un usage fréquent dans les
transactions à la campagne.

quotidiens et pour son trossel, 12 linceuls, un canavel (1) de toile, un coussin de plumes, une couverte
drap de pays, un mantil (3) de demi rang et une robe
drap de couleur, de *fresche couture* : gracieuse expression remplaçant le mot neuve. (Arch. du Sénat,
R. 63.)

IV.

Chamoux. 19 septembre 1634.

Contrat de mariage entre noble Julien de Gallis et
demoiselle Léonore Mugnier, de Villard d'Izier.

Noble Antoine Mugnier, père de la future, lui constitue en dot mille ducatons de 7 florins pièce, monnaie de Savoie ; une robe de taffeta, appelé gros de
Toursnoire, garnie de dentelles de Paris ; une robe de
satin de Gènes (3) verte, assortie de corps et manges
(manches) avec les dentelles d'argent à double par
dessus ; une robe moncayard en soie noire garnie de
passements (4), et c'est outre ses habits quotidiens.
(Arch. du Sénat, R. 56.)

---

1 Canavel, carnavel. Ce mot n'est pas dans les lexiques. Est-ce le vêtement qui
a été désigné plus tard sous le nom de casavet ? Ce serait alors une espèce de
casaque.

2 Mantil ; toile pour linge de table. Mot d'un usage ordinaire dans les campagnes
de la Savoie, Rumilly, Thônes, etc.

3 Gros de Tours, étoffe de soie à gros grains. — Satin de Gènes, étoffe de
soie.

4 Passements : tissu plat de fil d'or, de soie, etc. On dirait actuellement garni
de passementerie. Le 20 janvier 1682, Victor-Amédée II accorda des Lettres
Patentes à Jacques Bérard, de Lyon, lui permettant d'établir une fabrique d'argent fin et faux dans ses Etats.

V.

Annecy, 16 et 17 Février 1643.

Bernard, dernier héritier mâle de la famille de Menthon, résidant au château de Menthon, était mort en Piémont. Sa succession féodale passait à son cousin René de Menthon, baron de la Gélière et d'Ayriat; ses biens non frappés de substitution, à sa sœur Jacqueline de Menthon.

Pour éviter des discussions et des procès, un mariage fut projeté entre le cousin et la cousine.

Il fut précédé d'un réglement de quelques difficultés,opéré par l'arbitrage du Président de Blancheville, de l'archevêque de Tarentaise, D. Benoit Théophile de Chevron, prince du St Empire romain,cousin germain de la demoiselle de Menthon, et de Melchior de Ballon, seigneur de Léaz, etc. La veille du mariage, Claudine de Michalle, veuve du comte de Menthon et mère de la future, règle aussi ses comptes avec elle et reçoit quittance des sommes qu'elle lui paye et des bijoux de famille qu'elle lui remet. Enfin le 17 février, à Annecy, dans la maison des comtes de Menthon, rue de la Perrière, *proche le palais de l'Isle*, a lieu le contrat de mariage.

La fiancée se constitue pour ses habits : une cotte toile d'or, une robe de satin, une robe de tapis passée (1), nne robe de taffetas, un habit de satin couleur

---

1 C'est à dire : robe de tabis avec des passements.—Tabis : étoffe de soie ondée. Voir pièce IX, — Trente ans plus tard (1674) Boileau, Lutrin, ch. IV, a dit :

On apporte à l'instant ses somptueux habits
Où sur l'ouate molle éclate le tabis.

de feu garni d'argent, outre ses habits quotidiens;
une chaine de diamans rubis et perles, estimés par
orphèvre 400 ducatons; un chapelet de turquoises estimé 20 pistoles (v. note 1, p. 150); un cœur de diamans
avec un rocher de diamans au milieu, estimé 16 pistoles; une petite chaine d'or estimée 24 pistoles; une
chaine de cent soixante perles à raison de cinq florins
la perle, revient à 800 florins; une mouche de diamans avec son grain, estimé 15 pistoles; un reliquaire
où il y a sept diamans, estimé 14 pistoles; une paire
de pendans d'oreilles estimée 8 pistoles; trois brasse-
lets à perles estimés 12 pistoles; autres petites nippes
comme pendans d'oreilles, boucles d'or, un Saint-
Esprit avec le grand diamant, le tout estimé 20 pistoles; un cachet garni de diamans avec sa petite
chaîne; une toilette à ouvrage d'or, argent et soie,
estimée 24 pistoles, un bassin, une aiguière, une salière, une soucoupe, une écuelle, douze cuillers, le
tout d'argent; plus un carrosse garni de vert, à clous
dorés, avec tous ses attellages, sauf de chevaux.

(Arch. du Sénat. R. 47.)

VI.

Méry, 14 juin 1643.

Contrat de mariage reçu par Claude Dichat, notaire
à Méry, entre Pierre Nocray, de la Ravoire près
Chambéry, et Claudine Cugnex de Méry (simple
villageoise).

Jean Cugnex, oncle de la future, lui constitue en

dot quatre cents florins monnaie de Savoye, deux robes drap de couleur neuves, trois robes de drap de Valais, six linceuls, six chemises, trois aunes de mantil, une couverte de drap de Valais, un coussin commun, un manteau et une haute-chausse (haut de chausses) pour le futur époux, toujours outre les habits quotidiens de la future.

Ce don d'une culotte à l'époux est à noter.

(Arc. du Sénat. R. 56, fº 196.)

VII.

Yenne, 11 avril 1655.

Contrat de mariage reçu par le notaire Borbon, à Yenne, entre Jean Gaspard Gache, fils de Mᵉ Claude Gache, notaire ducal et châtelain de la ville d'Yenne, et honorable Marie, fille de Mᵉ Claude Revardel, notaire ducal et curial d'Yenne.

Le père donne à sa fille 2100 florins, une robe d'étamine (1), une cotte de taffetas, un habit de ratine (2) et deux de sargette, une douzaine de serviettes, une nappe à la Venise, et le reste du trossel et fardel à la coutume du lieu.

Il paie immédiatement au père de son futur gendre mille cinquante florins de Savoie, au moyen de cinquante pistoles; il paiera dans un an vingt cinq pis-

---

1 Etamine : étoffe légère de soie ou de lain·.

2 Ratine : étoffe de laine dont le poil, tiré au dehors, est frisé de manière à former comme de petits grains.

toles qui font cinq cent vingt cinq florins, et les autres vingt cinq pistoles dans deux ans (1).

(Arch. du Sénat, R. 60.)

VIII.

Arith en Beauge, 23 août 1655.

Contrat de mariage reçu par le notaire Bebert, entre Jean fils de feu Michel Francoz, d'Arit en Beauge, diocèse de Genève, et l'Andréaz, fille de feu André Pernet, dit grand barbaz, de la même paroisse. La future reçoit de ses frères pour sa dot deux cents florins de Savoie, trois robes de drap de pays de fraîche couture, 4 linceuls de toile commune vive (2), avec son carnaval (3), un coussin de plumes ou bien cinq florins, un mantil de trois aunes et demie, une couverte drap de pays de trois aunes, un vaisseau de froment beau blé recevable mesure de Lescheraine (commune voisine) et la somme de vingt florins pour les bons et agréables services que les frères ont reçus ci-devant de leur sœur.

(Arch. du Sénat. R. 52.)

---

1 Florin et pistole; d'après ce compte, la pistole valait alors 21 florins. Si le florin était de 12 sols, la pistole aurait valu 252 sols, soit douze livres et douze sols. Il s'agit ici de la demi pistole. Dans la pièce V, l'évaluation des bijoux a bien pu être faite en pistoles entières, valant environ 28 livres.

2 Toile vive; toile neuve qui n'a pas encore été assouplie par les lessives.

5 Carnaval. (Voir la note 1, page 146.)

IX.

Aiguebelle, 3 janvier 1661.

Contrat dotal reçu par le notaire Million entre Nicolas Peyssard, docteur en médecine, bourgeois d'Annecy, et discrète Charlotte, fille de Jean Million, praticien, bourgeois d'Aiguebelle.

Le père constitue pour dot à sa fille la somme de 7000 florins et pour trossel robes et vêtements :

Un habit neuf complet de muelle en soie bleue (1) un coutillon neuf d'armoisin jaune (2), un habit ferrandine neuve rouge (3); un habit ferrandine incarnat et jaune, un habit chargette rouge, un coutillon burat d'Arles (4), un coutillon futesne (5), une robe de taffetas noir, un coutillon de taby (6) incarnat, une jupe de serge de lundres (de Londres), un habit de serge à la courdelière gris (7), une devantière avec sa casaque de barrucan (8) avec leurs boutonnières et

---

1 Muelle. (Voir la note 1.)

2 Armoisin ; étoffe légère de soie. On voit que malgré l'étymologie, elle n'était pas toujours de couleur rouge.

3 Ferrandine ; étoffe légère appelée aussi *burail.*

4 Burat; voir la note 1, page 145. Le burat et le burail sont des étoffes distinctes.

5 Futesne, futaine; étoffe croisée dont la chaine est en fil et la trame en coton.

6 Taby. (Voir la note 1, page 147.)

7 Serge à la Cordelière ; serge rase de Champagne appelée cordelière peut-être parce que sa couleur ressemblait à celle du vêtement des Cordeliers.

8 Barrucan ; pour baracan ou bouracan, forte étoffe de laine.

rubans de soie, tout neuf; un chapeau et masque aussi tout neufs; un habit noir de bonne valeur.

Quelles couleurs gaies dans tout l'accoutrement! du jaune, du rouge, du gris, toute la gamme du rose. La grande rue d'Aiguebelle a dû tenter le pinceau d'un peintre le jour de la noce, et la mariée était assez gracieuse, j'imagine, pour n'avoir pas à se servir du masque qu'elle met dans sa corbeille.

Mais ce n'est pas tout; elle a encore du linge et des bijoux, et de la vaisselle d'étain. Voyons plutôt :

Deux douzaines linceuls neufs, quatre douzaines serviettes neuves d'une aune chacune dont la moitié est de la petite venise, l'autre moitié au grain d'orge, le tout de ritte; six nappes neuves de ritte, dont trois de la petite venise et trois au grain d'orge, de trois aunes la pièce; dix-huit chemises neuves, deux douzaines de devants neufs (tabliers), tant toile blanche que ritte ; une toilette de rasoir neuve (1), deux bahuts neufs; outre les rabas (2), coiffures et autres menus linges.

La fiancée se constitue encore en dot l'héritage de l'oncle Losserand : une bague d'or chargée d'un diamant taillé en œuf pesant un denier et 16 grains (3); trois bagues d'or manquantes de quelques pierres et passant pour or rompu, pesant 5 deniers 11 grains;

---

1 Rasoir. On ne trouve pas ce mot comme nom d'étoffe ; c'était sans doute une rase, ou serge rase.

2 Rabas. S'agissant de nippes de femmes, ce mot a la signification de col de toile avec ou sans dentelles.

3 Ce diamant vaudrait maintenant plus de mille francs, s'il était d'une qualité moyenne.

quatre bagues d'or, l'une desquelles est en rose turquoise, l'autre chargée d'un rubis, une autre émaillée représentant la passion de Notre-Seigneur, ayant un Jésus pour œil, et l'autre émaillée de noir ayant aussi l'œil composé d'un Jésus, pesant un denier et 18 grains ; une bague d'or fin d'Italie cordonné, pesant 7 deniers et 7 grains ; une croix d'or émaillée de noir, pesant 9 deniers et 21 grains ; un jaseran d'or (1) pesant 24 deniers et 11 grains ; une aulle (2) pesant 25 livres ; une autre aulle métal pesant 10 livres, et une autre pesant 6 livres ; cinq chandeliers de loutton (laiton) pesant 10 livres ; six plats et huit assiettes estain fin, pesant 23 livres ; trois pots estain commun pesant 12 livres ; une eguière (aiguière), un moutardier et un gevelot (3) estain commun pesant 5 livres et quart ; un lavemain estain commun pesant 2 livres et demie, 4 posches estain pesant 2 livres et demie, deux posches de fer ; un grand bassin garni de son éguière et salière à fleur, le tout estain fin et pesant 1 livre et quart ; six eschofettes de fer ; deux plats en ouvalle (4) estain fin, pesant 6 livres et demie ; — plus trente quatre linceuls, trois tours de lit, à carreau de rasoir de toile (5), trois nappes à la Venise, de trois

---

1 On dit maintenant jaseron.

2 Aulle, marmitte ou chaudron.

3 Gevelot, mesure pour le vin, encore fort en usage à Chambéry ; environ la moitié du litre.

4 Ondalle, pour ovale. On prononçait volontiers l'o *ou*, suivant l'habitude du Piémont. Ainsi, pièce IX, courdelière, pour cordelière ; coutillon, pour cotillon, etc.

5 Voir la note 1, page 152.

aunes pièce; nonante six serviettes tant à venise, qu'à grain d'orge, toile de pays; un miroir valant dix florins; deux catalognes verdes (1), trois pans de lit avec leurs franges de filet, toile de pays; un lit de sarge de camp (2) vert brun fait à housse, frangé tout autour de fleuret; deux paillasses de toile de pays, tant rites, lin que étoupes.

F. MUGNIER.

1 Couvertures de laine pour les lits; verdes—de virsdis --- pour vertes, manière moderne d'écrire cet adjectif.

2 Lire : un lit de camp de sarge vert brun.

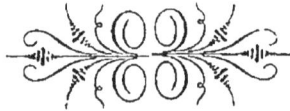

NOTE SUR LES PUBLICAINS ROMAINS

ÉTABLIS À ALBERTVILLE.

Les anciens itinéraires romains s'accordent à placer une station près d'Albertville, *ad publicanos*. Quel était l'emplacement précis de ce péage, situé à $23^k 704^m$ en amont de *Mantala*, et à $4^k 444^m 5$ en aval d'*Obilinum*? Les archéologues n'ont pu encore le fixer avec certitude. Les uns le placent aux bords de l'Isère, à Tours, à Conflans, d'autres à Gilly et d'autres même à Tournon. Ce seront probablement des paysans, en creusant un fossé, qui mettront un jour à nu des ruines, des inscriptions, des monnaies, et par là trancheront la question d'une façon péremptoire.

En attendant, sans anticiper sur l'avenir, je veux simplement chercher aujourd'hui ce qu'étaient ces *publicains*, et ce que devait être l'établissement créé par eux aux confins des Gaules. N'étant pas antiquaire, je me bornerai à analyser ici un ouvrage peu connu, qui vient d'être couronné par l''académie des Inscriptions et belles-lettres. (Etude historique sur les impôts indirects chez les Romains, par M. Cagnat, ancien élève de l'école normale supérieure, agrégé de l'Université. Doct. ès-lettres. — Paris, 1882, imprimerie nationale).

Chez les Romains, comme dans nos nations modernes, l'un des impôts les plus productifs était le
portorium, comprenant à la fois les douanes aux
frontières des provinces, l'octroi des villes et les péages de certains ponts. Les collecteurs de ces droits
s'appelaient *Publicains*.

La douane frappait les marchandises passant des
Gaules en Italie, et vice-versà. Elle était du quarantième de la valeur brute (2 1/2 p. 100). Aussi voyons-
nous que les publicains chargés de la percevoir étaient
désignés sous le nom de *compagnons du quarantième*. (socii XL). Une inscription trouvée à Allondaz,
près d'ici, fait mention d'un associé du XL. (MATRIS-
MITHRES SOC(iorum) XL (servus) VIL(licus) AD
RUT(onem) I(atum) XIII P(edes) A(ltum) VI.)

Il n'est pas sans intérêt d'étudier la répartition des
bureaux de publicains sur cette frontière des Gaules.

Au nord de la Savoie, il y avait Tarnade (St-Maurice en Valais) qui gardait la route d'Italie par le
Mont-Joux (Grand St Bernard). A Tarnade finissait
la Gaule, ayant pour frontières à l'est, les Alpes, le
massif du Mont-Blanc, le col de la Forclaz, près de
Servoz et la chaine de Beaufort jusqu'à Albertville.
Le Valais, la Tarentaise, comme la Val d'Aoste
appartenaient à la province d'Italie.

La Maurienne et la vallée de Suze, lors de l'éta-
blissement des *portoria*, dépendaient encore du roi
Cottius, allié des Romains. C'est en sortant de ses
Etats pour entrer en Italie que les marchandises
étaient taxées. Aussi les itinéraires d'Antonin et de
Peutinger marquent-ils à 18 mille de Turin une sta-

tion appelée *ad fines Cottii*, à 22 ou 23 milles de Suze. Le 4ᵉ vase appollinaire, plus formel encore, l'appelle *ad XL* (au quarantième). Le calcul des distances place ce bureau de douane à *Avigliana*.

A la mort du dernier descendant de Cottius, (l'an 65 de notre ère), Néron annexa son royaume à la Gaule. Le bureau du *portorium* resta ainsi placé à Avigliana à l'entrée de la vallée de Suze.

Le Mont-Cenis n'était point frayé à cette époque : la route du commerce était par le Mont Genievre, Briançon et de là à Gap d'une part, et à Grenoble de l'autre.

Une inscription trouvée à Grenoble soulève une difficulté : c'est le tombeau de *Sollius Marculus*, qui est qualifié *librarius XL stationis Cularonensis*.

On ne s'explique pas comment les marchandises taxées déjà à Avigliana et à Albertville pouvaient payer encore un quarantième à Grenoble.

M. Cagnat pense que ce *librarius* n'était établi à Cularo que pour percevoir un péage sur le pont, ou peut-être un octroi. On pourrait hasarder encore une autre explication. Nous voyons qu'il y avait à Lyon, qui n'est pas mieux que Grenoble sur une frontière, de nombreux employés du *portorium*. C'était vraisemblablement, nous dit M. Cagnat, le centre administratif de la *quadragesima Galliarum*. On y trouve en effet un tombeau élevé à *Quinctius libertus Augusti, tabularus XL Galliarum*. — à *Faustus, Augustorum libertus* également *tabularius XL Galliarum*. Un autre enfin à *Vitalis et Amethistus*, l'un esclave et l'autre affranchi des sociétaires du quarantième. On

reconnaît là un centre important de la douane romaine. Une autre preuve vient corroborer ces indices.
On a trouvé dans le lit de la Saône un grand nombre
de plombs qui portent encore la marque de la corde
qui les traversait. M. Récamier de Lyon en a fait
une collection des plus curieuses. Les uns sont à
l'effigie des empereurs avec les lettres R C. D'autres
portent les noms de riches marchands Lyonnais,
par exemple *Plauti* ou *Plautiorum*. D'autres enfin
des noms de ville, marquant probablement la prove-
nance, le point où la marchandise a été visitée et
plombée, par exemple *Cularo, Vienna, Alexandria.*

Je me demande si Cularo n'aurait pas eu un bureau
secondaire du Portorium. Les douanes, alors comme
aujourd'hui, avaient des postes sur l'extrême frontière
et des bureaux de direction dans les grandes villes de
l'intérieur.

Comme je ne m'occupe, dans cet extrait, que de la
frontière des Alpes, je n'ai pas à suivre la ligne des
douanes jusqu'à Arles et aux Pyrénées, au sud, ni
au nord par Zurich, Metz, jusqu'aux bords de l'Océan.
Le long des côtes, il y avait le *portorium maritimum*
tout aussi bien surveillé que le *portorium terrestre.*

Ce qui étonne dans le *portorium* romain, c'est
qu'il se reproduit à l'entrée de chacune des provinces,
dans l'intérieur de l'empire. Ainsi en passant en
Espagne, dans les Iles Britanniques, nouveau quarantième à payer. Les denrées précieuses venant de
l'extrême Orient payaient et repayaient tant de fois
sur leur route, que vendues à Rome elles avaient payé
plus de cent fois leur prix d'origine. Le fisc n'avait

pas même eu l'idée de favoriser l'industrie nationale au moyen du *portorium*. C'était un impôt, rien qu'un impôt.

II.

Quelles étaient les marchandises sujettes à la taxe du quarantième? En régle générale, c'étaient les objets destinés au commerce. Une loi de Justinien le dit implicitement (Code IV. 61. 5).

Il résulte de là que ce qui sert à l'usage des citoyens en était exempt; c'était là une source intarissable de contestations entre les publicains et les voyageurs. Ainsi, pour les esclaves, ceux qui donnaient aux maîtres des soins personnels, valets de chambre, cuisiniers, etc., en étaient exempts. Au contraire ceux qui devaient travailler les terres, exercer un métier lucratif, même les régisseurs ou intendants payaient le *portorium*, bien qu'ils ne fussent pas destinés à être vendus. Les voitures, les bêtes de somme employées au transport étaient exemptes. On voit même que Symmaque voulait passer en franchise des ours destinés aux jeux publics, parce qu'il n'en faisait pas le commerce, *quod solos ursorum negotiatores, uptote questui servientes oportet agnoscere* (Symm. epist. V. 60).

Les objets appartenant au Fisc, les approvisionnements destinés aux armées étaient naturellement exempts. Il est probable que les plombs aux armes des Empereurs étaient employés à sceller ces effets, et à leur assurer le libre transit.

Sauf ces exceptions, toute marchandise était taxée au quarantième de sa vraie valeur; il n'y avait pas d'autre tarif, pas d'autre base de l'impôt. C'était l'affaire des publicains de taxer ces valeurs au plus haut prix, afin de retirer le plus possible de leur ferme.

On conçoit les abus énormes qu'entraînait ce système, et la haine qui poursuivait les agents du *portorium*. Tout voyageur devait déclarer ses effets, sans excepter même ceux qui étaient exempts ; il pouvait être fouillé pour assurer la sincérité de sa déclaration. En cas de recel, la marchandise était confisquée et vendue aux enchères.

Après la déclaration, les *publicains* estimaient chaque objet et exigeaient le paiement immédiat du quarantième. De nombreux abus venaient encore aggraver la charge des contribuables ; on leur prenait une taxe : 1° *pro spectatione*, un droit de visite, 2° *pro collybo*, pour le change des monnaies, 3° *pro cerario* pour les fournitures de bureau, etc., etc. Ces vexations, souvent réprimées, tendaient toujours à renaître. L'Etat s'armait de rigueur contre les compagnies fermières, il les faisait surveiller par des contrôleurs, et les condamnait souvent à restituer le double (Digest. 39. 4. 1). Il devait tenir un poste de militaires près des stations de publicains, soit pour réprimer leurs exactions, soit pour empêcher la contrebande, soit aussi pour prêter main forte aux contrôleurs de l'Etat.

III.

Voyons maintenant quel était le personnel chargé d'exiger le *portorium*. C'est en cela surtout que la loi romaine différait de nos lois modernes.

L'Etat affermait le *portorium* à de puissantes compagnies. A la fin de chaque lustre, les censeurs dressaient un cahier des charges désigné sous le nom de *lex censoria*, et mettaient à l'enchère le *portorium* de telle ou telle station. Il était adjugé au plus offrant, qui entrait en charge le 15 mars suivant, pour une période de 4 ou 5 ans (un lustre).

Pour miser, il fallait des sociétés fort riches : c'étaient ordinairement des chevaliers, aux mains desquels se trouvaient les plus grosses fortunes, jusqu'au règne d'Hadrien. On les appelait *Socii vectigalium publicorum* ou *Conductores portorii*.

Parmi les sociétaires, les uns étaient administrateurs, les autres simples bailleurs de fonds. Il y avait, parmi les premiers, le *Manceps* qui traitait personnellement avec l'Etat, et était responsable de l'entreprise, puis les *prœdes*, qui étaient ses cautions. Tous leurs biens étaient hypothèqués en faveur du fisc.

Il y avait le *magister societatis* résidant à Rome, au bureau central ; les *pro-magistro*, qui le représentaient dans les provinces ; les *tabellarii*, inspecteurs qui voyageaient de station en station. Enfin un nombre considérable d'employés, les uns libres, les autres esclaves, sous le nom de *portitores*, pour chaque station. Ceux qui tenaient la caisse étaient toujours des esclaves, parce que la loi permettait de les mettre à la torture. C'était un mode de garantie ! Notre MITHRES d'Allondaz était un esclave !

Peu à peu les affranchis ayant amassé de grandes fortunes avaient remplacé les chevaliers à la tête des sociétés de publicains.

Pour réprimer les exactions, les empereurs avaient

établi, je l'ai déjà dit, des contrôleurs auprès de chaque station, sous le nom de *procuratores vectigalis*, *procuratores quadragesime*. C'étaient des chevaliers, des citoyens honorables qui occupaient ordinairement ces postes de confiance.

Je ne poursuivrai pas plus loin cette analyse du travail de M. Cagnat. J'ai voulu seulement y rechercher ce que devait être la petite station romaine, *ad publicanos*.

Le bureau établi au passage de la rivière, dans un point où la vallée est resserrée a dû compter de nombreux agents, des *portitores*. Il y avait aussi probablement un *procurator quadragesimæ*, personnage plus élevé en dignité, et un petit préside de militaires, pour protéger les agents.

Il semble naturel de supposer que les militaires ont occupé le rocher de Conflans, pendant que les *portitores* se tenaient sur les bords de la rivière, au point où la route était resserrée entre la rivière et le rocher. Mais ce n'est là qu'une simple induction. Vos recherches, Messieurs, nous retrouveront peut-être un jour les fondations des murs qui ont dû barrer le passage, de la porte où s'exerçait le *portorium*, des nombreux magasins et édifices nécessaires pour loger les agents, faire stationner les voyageurs et les charriots pendant la visite. J'ajouterai, comme géologue, qu'il est probable que les alluvions puissantes des deux rivières ont recouvert ces vestiges, qu'on ne trouverait qu'à plusieurs mètres de profondeur.

Messieurs, j'ai toujours désiré voir une bibliothèque publique s'ouvrir dans votre cité, dans cette belle salle qui semble avoir été construite tout exprès. Voulant y concourir pour ma faible part, y apporter une première pierre, je me fais un plaisir d'offrir à la bibliothèque municipale le volume de M. Cagnat, où les amateurs pourront venir fouiller encore, et recueillir des milliers de traits que je n'ai pu réunir dans cette courte analyse.

PILLET Louis,
Président de l'Académie de la Savoie.

L'ANCIEN COLLÉGE

DE CONFLANS

Dans la séance de mardi soir, M. le chanoine Alliaudi, ancien élève du collége de Conflans, a donné l'histoire de cet établissement et de sa translation dans la section de l'Hôpital, jusqu'à sa suppression en 1860. Voici le résumé de ce mémoire :

Avant la révolution de 1792, ni Conflans ni L'Hôpital ne possédaient d'établissement d'enseignement secondaire. La Tarentaise avait un collége à Moûtiers : les autres provinces de la Savoie en avaient aussi ; et un grand nombre de bourses fondées dans les colléges ou universités de Turin, d'Avignon, de Paris, de Louvain et d'ailleurs fournissaient à bon nombre d'enfants de la Savoie le moyen de faire de bonnes études à l'étranger.

Quand l'arrivée de Napoléon au pouvoir et le Concordat de 1801 permirent de réparer les brèches faites à l'état social, on vit surgir de toutes parts des écoles, et surtout dans les presbytères. Il y avait un élan général vers l'instruction à tous les degrés ; mais ces petites écoles éparpillées ne pouvaient obtenir que des résultats bien limités.

Deux hommes de talent et de mérite pensèrent alors (1806) à organiser quelque chose de plus complet. MM. Pierre Rullier, curé de L'Hôpital, et Maxime Girard, curé de Conflans, jetèrent les yeux sur l'ancien couvent des capucins de Conflans, pour y établir des écoles de grammaire et de littérature.

Cette maison, construite sur l'emplacement d'un fort détruit en 1600 et d'une maison qui servait d'habitation à l'intendant du marquis de Conflans, avait été fondée en 1620, sur les conseils de saint François de Sales qui en avait conféré avec les notables de la ville et du pays, en 1614.

L'église, consacrée en 1626, avait été vendue comme bien national en 1793, et était tombée, avec la maison, en la possession du baron Perrier.

Celui-ci loua volontiers, et à de bonnes conditions, le couvent et l'enclos à MM. Rullier et Girard; et, dès l'automne 1806, des classes de grammaire s'ouvrirent sous la direction de M. l'abbé Exertier. Bientôt on y adjoignit les cours d'humanité et de rhétorique. Vers 1812, le collége prit un lustre particulier sous l'administration de M. Lavorel, qui venait de succéder à M. Exertier. Cette bonne réputation se maintint sous les successeurs de M. Lavorel, qui furent:

MM. Marie-Philippe Ducis, en 1821;
  Jacques-Marie Chevray, en 1823;
  Jean-François Buthod, en 1825;
  Marie-Maxime Bugand, en 1828;
  Germain Pont, en 1838.

Sous la direction de ce dernier, le collége fut transféré de Conflans à Albertville et provisoirement installé en 1839 dans la maison Déglise, sise en Rue Neuve, où il resta six ans.

M. Pont fut remplacé en 1843 par M. Jean-Jacques Rullier. Celui-ci eut le plaisir d'installer définitivement tout le matériel et le personnel de l'établissement, en 1845, dans le bel édifice que la ville avait fait construire à cette fin.

En 1850, M. Rullier ayant succombé à une grave maladie dont il fut atteint pendant les vacances, M. Alliaudi, ancien professeur de philosophie au collége de Moûtiers, alors curé de la Perrière, lui succéda dans l'enseignement de cette même classe, inaugurée dans l'établissement en 1845, et dans la direction du pensionnat qu'il garda quatre ans. En 1854, M. Bugand, qui était rentré dans le collége en 1845, en qualité de professeur de rhétorique, prit une seconde fois la supériorité du pensionnat et la garda jusqu'à sa mort, arrivée le 14 avril 1859.

Après lui, cette charge fut confiée à M. l'abbé Pignier, professeur de rhétorique, qui l'occupa jusqu'à l'annexion.

Alors le collége fut supprimé, et le local cédé au gouvernement pour l'établissement d'une école normale destinée à former des instituteurs pour les écoles primaires de garçons.

Voici les noms des principaux professeurs :

PHILOSOPHIE :

MM. Chesney, curé. 1819-20
    Rullier 1845-50
    Alliaudi 1850-60
    Maillet 1856-59
    Falco 1859-60

RHÉTORIQUE :

MM. Exertier 1808-12
    Lavorel 1812-21
    Ducis 1821-23
    Vignet 1823-24
    Ulliel 1824-25
    Buthod 1825-28
    Bugand 1828-38
    Pont 1838-43
    Rullier 1843-45
    Bugand 1845-59
    Gaillard 1856-58
    Pignier 1858-60
    Thievenoz 1859-60

TROISIÈME :

Exertier.	Villien.
Lavorel.	Flandin.
Berthoud.	Buthod.
Buthod.	Rullier.
Merel (Nicolas).	Yvoz.
Miége.	Trésallet.

RÉSUMÉ

Monsieur *Jules Vuy*, vice-président de l'Institut genevois, fait une communication relative au *baron d'Hermance* qui joua un grand rôle, en Savoie, dans la fin du XVIme siècle; c'est lui qui reçut saint François de Sales, aux Allinges, lors de sa célèbre mission dans le Chablais.

M. Vuy parle, avant tout, des travaux fort curieux qui ont été faits, de notre temps, dans les archives de la république de Venise, sur une question de la plus haute moralité; on a constaté l'existence de *registres secrets* et de *registres très-secrets* du Conseil, et dument établis, sur une base historique sérieuse, le fait de l'assassinat politique pratiqué plus d'une fois, sans scrupule, à Venise, pour cause de raison d'Etat. M. Vuy mentionne, en particulier, la communication qu'a faite, sur ce grave sujet, à l'Académie des sciences de Turin, un savant d'un mérite bien connu, M. le baron Antonio Manno, dans la séance du 10 décembre 1882 (Tome XVIII des *Mémoires* de cette Académie).

Ce principe scandaleux, qui doit être condamné sans détour, a été, avec raison, jugé sévèrement; nombre d'auteurs l'ont répudié.

« Historiquement et moralement, a dit M. Mas
« Latrie, tout le crime réside dans la pensée et dans
« l'intention qui l'autorise et le récompense. » Ainsi,
d'après l'éminent historien l'intention c'est le crime.

M. Vuy ne veut pas étudier, dans toute son étendue,
l'application qui a pu être faite, soit à Venise, soit
ailleurs, de ce principe honteux et immoral ; il en
parle seulement à propos du personnage dont il
s'occupe. On sait que le gouvernement genevois
avait chargé le syndic Duvillard de faire tuer le
baron d'Hermance, ainsi qu'un ou deux autres savoi-
siens désignés comme étant *manifestement hostiles à
la Seigneurie ;* un arrêté officiel avait été pris dans ce
sens. Toutefois, une embuscade ayant été dressée,
peu de temps après, au célèbre baron, il fut fait prisonnier en Chablais, conduit à Genève et gardé de
très près ; c'est à cette occasion qu'on saisit différentes
pièces, au nombre desquelles était une lettre écrite
par François de Sales, lorsque, jeune homme encore,
il étudiait à Paris. Saint François de Sales connais-
sait, en effet, le baron d'Hermance longtemps avant
de le voir aux Allinges.

M. Vuy a publié dans la *Revue savoisienne* (année
1867, page 25), cette lettre qui est en date du 26 novembre 1585 ; elle a été plusieurs fois réimprimée dès
lors. C'est, sauf erreur, la plus ancienne lettre que
nous possédions de l'éminent prélat, et c'est par suite
de ces circonstances qu'elle se trouve dans les archives
de Genève.

Le baron d'Hermance étant une fois prisonnnier,
il se présentait une question des plus délicates ; le

garderait-on captif ou bien serait-il libéré moyennant rançon, suivant l'usage du temps, ou, enfin, serait-il mis à mort, comme on l'avait prémédité? Peu de temps auparavant, une tentative d'insurrection avait eu lieu dans le pays de Vaud; elle avait échoué et l'échafaud avait été dressé à Lausanne et à Berne; la république de Berne qui n'avait pas été fort douce envers ses sujets révoltés du pays romand, et qui tenait le baron d'Hermance pour complice du mouvement insurrectionnel, penchait pour la rigueur et aurait voulu voir exécuter cet illustre capitaine; Genève eut le mérite de reculer devant l'application et la honte du principe qu'on voudrait ne pas voir figurer officiellement dans ses registres.

On fut moins doux sous un autre rapport; on réclama au baron d'Hermance une rançon exorbitante qu'avec l'aide même de ses amis les plus dévoués, il lui était absolument impossible de fournir.

Il fit une tentative d'évasion qui échoua et fut traité avec d'autant plus de rigueur.

Enfin, après de longs pourparlers, on tomba d'accord sur une rançon moins exorbitante, quoique excessivement forte encore; le prisonnier contracta, pour la payer, divers engagements, en particulier le suivant que M. Vuy communique aux membres du Congrès, en leur montrant le titre original :

« Je François Melchior De Sainctioyre, baron
« d'Hermance, confesse debuoir et estre légitimement
« tenu de paier à noble et puissant seigneur François
« de Montuuagniard seigneur de Pierre Charue et
« des Tours, la somme de cent escus d'or,

« Lesquels il ma reallement prestés et prometz les
« luy paier ou ferc paier dauiourdhuy a trois mois
« prochains a peinne de tous despens dommages et
« interest et soubs lobligation de tous et ung chascung
« mes biens presentz et aduenir,

« En foy et tesmoignage de quoy, iay escript et
« soubscript la présente. Faict à Geneue ce vingt-ung
« Januyer 1592 »

(Signé) « Sainct IOIRE »

Libéré en 1592, au grand mécontentement de la
république de Berne, mais ruiné par cette rançon
élevée, le baron d'Hermance était redevenu, dès la
même année (voir Revue savoisienne 1871, page 80,)
gouverneur des Allinges, où il résidait, en 1594, au
moment de l'arrivée de saint François de Sales ; mais
il ne devait pas vivre longtemps encore, une vieille
épitaphe nous apprend qu'il mourut le 20 novembre
1595.

Son hoirie donna lieu à de longues contestations ;
en marge de la pièce qui vient d'être transcrite, on lit
que le tiers de la somme due fut payé, *avec le intérêts
et dépens accumulés*, par la marquise de Saint-Mau-
ris, le 1er mars 1662, soit très longtemps après la
mort du baron d'Hermance, et plus de 70 ans après la
date de la pièce elle-même.

Tel est en résumé le sujet de la communication faite
au congrès des Sociétés savantes par M. Jules Vuy.

ÉTUDE SUR LA CONSTITUTION

DE QUELQUES PRAIRIES DE LA SAVOIE

La réussite d'un mélange de graines de plantes
fourragères pour l'établissement d'une prairie naturelle tient à une réunion de circonstances dont l'ensemble, souvent très complexe et difficile à apprécier,
constitue ce qu'on appelle les conditions d'adaptation de ces espèces.

On s'est beaucoup préoccupé ces dernières années
d'adaptation à propos des cépages américains et
c'est même à cette occasion que ce terme a été introduit dans le dictionnaire technique agricole. S'il y a
lieu de s'étonner de quelque chose, c'est qu'on soit
arrivé si tard à trouver une expression pour désigner
un phénomène qui, loin d'être spécial à la vigne, est
commun à tous les végétaux et exerce avec la con-
currence vitale la plus grande influence sur la formation et l'avenir d'une prairie.

En effet, répandez sur un sol convenablement la-
bouré, fumé et purgé de mauvaises herbes, un mélange de 10 à 12 espèces de graines et suivez le ré-
sultat de cette expérience pendant quelques années.
Si toutes ces graines sont bonnes et les circonstances

atmosphériques favorables, toutes lèveront et pendant les premières années au moins la jeune prairie sera l'expression assez exacte du mélange semé. Chaque espèce y sera représentée à peu près proportionnellement au nombre de chaque sorte de graines entré dans la composition du mélange : mais toutes ces espèces ne se trouvant pas dans un milieu également favorable à leur développement, toutes n'ayant ni la même longévité, ni la même vigueur, ni les mêmes exigeances, on ne tardera pas à voir cette proportion s'altérer peu à peu. Les plantes les moins bien partagées sous le rapport du sol et du climat resteront faibles ou disparaîtront étouffées par les plus vigoureuses qui finiront par occuper à elle seules presque toute la prairie. Par contre, on verra souvent aussi des espèces adventices surgir au milieu des autres et quelquefois finir par y tenir une place considérable.

Tels sont les effets combinés de l'adaptation et de la lutte pour la vie et ces effets sont souvent tellement en de toute prévision que la plante seule aura le dernier mot et montrera par la puissance ou la faiblesse de sa végétation si elle a été placée ou non dans un milieu qui lui convient. *Laissez parler les plantes*, disait un célèbre chimiste discutant sur la valeur des divers engrais. C'est surtout pour l'établissement d'une prairie qu'il convient d'user ce sage conseil.

Voulons-nous donc connaître quel est le sol, le climat, l'altitude, le degré d'humidité, en un mot quels sont les milieux qui conviennent à un végétal, semons celui-ci en des milieux variés et voyons comme il se comporte en chacun d'eux.

Toutefois, de telles expériences, pleines d'intérêts et de féconds enseignements, demandent beaucoup de temps, des connaissances spéciales et un grand esprit d'observation de la part de celui qui s'y livre. Il est un moyen bien plus simple, plus expéditif et plus à la portée de tous : c'est de prendre la nature sur le fait en faisant l'analyse botanique d'une bonne prairie le plus près possible de celle à établir et dans des conditions tout à fait analogues de sol, d'humidité et d'exposition. Cette analyse fournira des notions certaines sur les espèces qui se plaisent dans ce sol et sur leurs proportions relatives et servira de base à la composition du mélange à semer.

Ce mélange sera-t-il le plus parfait qu'on puisse obtenir? Sera-ce celui qui donnera le produit le plus élevé? N'y aurait-il pas possibilité d'y faire intervenir quelques espèces qui, bien que manquant dans la prairie type, serait susceptibles d'augmenter encore le rendement de la nouvelle? Nous sommes loin de le nier. Mais ce qui est certain c'est qu'en opérant comme nous l'avons dit, on aura du moins mis tous les atoûts dans son jeu. Les résultats que j'ai obtenu par cette méthode ne laissent aucun doute à cet égard. En voici un exemple :

J'avais à convertir en prairie naturelle irrigable un sol de nature silico-argileuse, léger, situé à la lisière d'un bois de haute futaie. Dans le courant de l'hiver 1865-1866, il fut défoncé à bras à une profondeur de $0^m 50$. Au printemps, forte fumure et plantation de pommes de terre.

Sur la lisière de ce terrain existait une très-ancienne prairie, très productive et par conséquent très-propre à me renseigner sur les espèces à faire entrer dans mon semis.

L'analyse botanique de cette prairie me donna les résultats suivants :

Avoine élevée (fromental)	40	0/0
Dactyle pelotonné	20	—
Ivraie vivace	15	—
Houlque laineuse	10	—
Paturin des prés	4	—
Avoine jaunâtre	3	—
Flouve odorante	2	—
Trèfle des prés, trèfle doré, lupuline et quelques plantes accessoires peu nombreuses	6	—
	100	—

Ces données devaient me servir de base dans le choix des espèces; mais considérant qu'une aussi forte prédominance de fromental et de dactyle me donnerait un fourrage trop grossier, je diminuais la proportion de ces deux plantes en les remplaçant partiellement par la *Fléole des prés* et la *Fetuque des prés*.

En vue d'augmenter la récolte des premières années, j'introduisais l'*Ivraie d'Italie* et le *Paturin trivial* comme plante d'un prompt développement. Je supprimais les espèces accessoires. Enfin quelques parties fortement ombragées de la prairie devant recevoir des graminées susceptibles de croître sous bois, je fis choix dans ce but du *paturin des bois* et du *Brome de Schrader*. Guidé par ces considérations, je formulais le mélange suivant :

NOM DES ESPÈCES	Proportion relative	Poid de semences par hectare
Avoine élevée (fromental). . .	15	15ᵏ
Dactyle pelotonné	10	4
Paturin des prés	2.5	0.500
Ivraie vivace.	10	5
Houlque laineuse	10	2
Flouve odorante.	5	4
Avoine jaunâtre.	5	1.500
Brome de Schrader	5	2.500
Ivraie d'Italie	15	7.500
Fleole des prés	5	0.500
Paturin trivial.	10	3
id. des bois.	2.5	0.500
Fetuque des prés	5	2.500
Totaux :	100.0	48ᵏ500

Le gazon des graminées étant long à se former, j'ajoutais, en vue d'augmenter le produit des premières années :

Trèfle des prés 6ᵏ500
Avoine à faucher en vert. 90ᵏ

Le semis fut fait au commencement de Mars 1866 dans l'ordre suivant :

1° L'avoine, enterrée par un vigoureux hersage :
2° Les graines lourdes : Trèfle, fleole, ivraie ;
3° Les graines légères ;

4° Le pâturin des bois et le Brome de Schrader sur la lisière du bois.

Ce semis a très bien levé et dès l'année 1869 le rendement a été de 5,600ᵏ de foin à l'hectare pour les deux coupes. Il s'est maintenu jusqu'en 1878, époque à laquelle les irrigations ayant été suspendues il commença à diminuer. Cette diminution fut accompagnée d'une augmentation notable des espèces adventices.

En juin 1882, désireux de connaître si toutes les espèces semées s'étaient maintenues et dans quelle proportion elles existaient encore, je fis à nouveau l'analyse botanique de cette prairie qui me donnait les résultats suivants :

Avoine élevé	25
Dactyle pelotonné . . .	5
Paturin des prés . . .	3
Ivraie vivace	2
Houlque laineuse . . .	35
Flouve odorante . . .	2
Avoine jaunâtre . . .	3
Plantes adventices diverses .	25
	100

Il est intéressant de comparer la composition de la prairie type ayant servi de base au choix des espèces à semer, celle du mélange semé et celle de la prairie après 17 ans d'existence. On peut en juger par le tableau suivant.

	Analyse de la prairie type en 1865	Mélange semé en 1866	Analyse de la prairie en 1883
Avoine élevée . . .	40	15	25
Dactyle pelotonné . .	20	10	5
Ivraie vivace. . . .	15	10	2
Houlque laineuse . .	10	10	35
Paturin des prés. . .	4	2.5	3
Avoine jaunâtre . . .	3	5	3
Flouve odorante . . .	2	5	2
Brome de Schrader . .	»	5	»
Ivraie d'Italie . . .	»	15	»
Phleole des prés. . .	»	5	»
Paturin trivial . . .	»	10	»
id. des bois. . .	»	2.5	»
Fetuque des prés. . .	»	5	»
Plantes accessoires et adventices	6	»	25
	100	100	100

En comparant la flore actuelle de cette prairie avec celle de la prairie ancienne prise comme type nous constatons :

1° Augmentation considérable dans la proportion de la Houlque laineuse et des plantes adventices ou accessoires. La proportion de ces dernières s'est surtout accrue à partir de la cessation des arrosages.

2° Diminution notable de cette proportion pour les espèces suivantes : avoine élevée, dactyle pelotonné, ivraie vivace, paturin des prés.

3° Etat stationnaire de la flouve odorante et de l'avoine jaunâtre.

Si maintenant nous mettons en parallèle les plantes semées avec celles existantes aujourd'hui, nous trouvons :

1° Augmentation pour avoine élevée, houlque laineuse et paturin des prés.

2° Diminution pour dactyle pelotonné, ivraie vivace, avoine jaunâtre, flouve odorante.

Enfin le fait dominant à retenir de ces observations c'est qu'aucune des espèces ajoutées, dans le mélange semé, à celles entrant dans la composition de la prairie type n'a pu se maintenir. Les quelques pieds que nous en avons rencontré en faisant la dernière analyse étaient si rares que nous avons dû les comprendre dans les plantes accessoires. Il en résulte donc que les espèces composant le fond de la prairie primordiale sont encore, après 17 ans, celles qui constituent essentiellement la flore actuelle. N'y a-t-il pas là une preuve frappante de la loi d'adaptation.

Les conclusions pratiques de cette observation sont donc :

1° Lorsqu'il s'agit de l'établissement d'une prairie, le meilleur guide dans le choix des espèces à adopter est l'examen du tapis végétal spontané sur les terres les plus voisines de la prairie à créer, celle qui s'en rapproche le plus par la composition chimique et la constitution physique du sol.

2° Il n'est pas opportun d'ajouter au mélange à semer des plantes autres que celles indiquées par l'analyse botanique à moins que ce ne soit des espèces de peu de durée destinées uniquement à augmenter temporairement la production, en attendant la complète évolution des graminées qui doivent former le fond de toute prairie permanente.

E. PERRIER DE LA BÂTHIE,
Professeur départemental d'agriculture.

PÉAGE DU PONT DE BRIANÇON

Messieurs,

Je suis heureux d'avoir, par mon étude sur le château de Briançon, amené une observation de notre savant collègue, M. le comte de Foras, qui nous a valu un excellent mémoire et l'analyse de deux chartes de la fin du XIIIe siècle, qui serviront à l'histoire de notre pays.

De la lecture de l'intéressante notice de notre honorable collègue sur le péage du pont de Briançon, il m'est résulté qu'il n'y avait, entre lui et moi, qu'un mal entendu.

Les péages faisaient partie des droits seigneuriaux ; nous n'aurions rien à dire contre-eux si leur montant n'avaient toujours été que la rémunération du service rendu, mais nous pensons qu'il y avait vol lorsqu'ils dépassaient la taxe ordinaire, qu'ils étaient arbitraires, que le propriétaire des ponts, des chemins, etc., les fixait selon ses caprices ou qu'il se payait de ses mains.

Je n'ai jamais dit que les seigneurs de Briançon n'eussent pas le *droit* d'exiger un péage des personnes passant sur un pont leur appartenant ; au contraire,

j'ai écrit que « les seigneurs de Briançon avaient vraisemblablement utilisé le pont construit à Briançon
par les Romains, se contentant de le fortifier, comme
l'étaient tous les ponts du moyen-âge, soit pour aider
à la défense de leur donjon, soit surtout pour que les
voyageurs et, par suite, les *droits* de péage ne pussent
leur échapper. » Je les ai accusés, me faisant l'écho
de la tradition, d'avoir excédé, par eux ou par leurs
exacteurs, dont ils étaient responsables, leurs droits
stricts, en exigeant, parfois, une taxe supérieure à
celle habituelle, et surtout en détroussant les pas-
sants, acte qui permet de qualifier de brigands ceux
qui l'accomplissent, surtout qu'il est permis, par extension, d'appliquer cette épithète flétrissante à ceux
qui commettent des exactions. Plusieurs auteurs se
sont servi de ce qualificatif blessant qui a désagréa-
blement impressionné M. de Foras.

M. Taine, dans son ouvrage *Les Origines de la
France contemporaine*, qui lui a valu son fauteuil
d'académicien, dit, page 14 : « le roi démolit les tours
des brigands féodaux. » Léon Ménabréa, l'une des
gloires littéraires de la Savoie, les qualifie de la même épithète dans son excellent ouvrage : *Les Origines
féodales.*

Je suis loin de donner aux traditions la valeur des
faits historiques; je sais qu'elles sont grossies, défigu-
rees, transformées; mais je ne pense pas que toutes
soient le produit d'imaginations en quête de récits
merveilleux. Que resterait-il d'une partie des croyances de l'Eglise catholique si l'on rejetait complètement
la tradition ?

Dépouillons les traditions des exagérations dont les siècles qu'elles ont traversés les ont enveloppées, comme l'on débarrasse le diamant de sa gangue, nous les trouverons considérablement amoindries, c'est vrai, mais contenant toujours un noyau de vérité.

Historiquement, je me plais à donner raison à notre érudit confrère, mais traditionnellement, il voudra bien me permettre de croire que les sires de Briançon, en remplaçant le droit par l'exaction, ont mérité l'épithète dont je me suis servi, après plusieurs auteurs, et qui ternit un peu l'éclat de leur nom.

L. BORREL,
Architecte.

LES IMPOTS EN TARENTAISE,

SOUS L'ANCIEN RÉGIME

———

Les Sociétés savantes doivent avoir pour but la recherche et la réunion des matériaux destinés à l'histoire du pays, sans préoccupation de principes politiques ni de croyances religieuses.

L'histoire, comme les monuments, doit reposer sur des bases solides : le bon sol, pour elle, c'est la vérité.

L'erreur écrite fait souvent le tour du monde; elle subsiste, parfois, pendant des siècles et trompe non-seulement les masses ignorantes, mais même les savants qui, souvent, ayant confiance en l'auteur dont ils lisent l'œuvre, admettent, sans vérification, la véracité des faits décrits.

La plupart des erreurs historiques sont souvent écrites de bonne foi, certainement, mais elles n'en sont pas moins des erreurs, et celui qui les découvre doit se faire un devoir de les combattre.

Je me permets de relever l'erreur que j'ai lue dans l'intéressante étude sur la suzeraineté des archevèques de Tarentaise dans la vallée de Bozel, communiquée, il y a deux ans, par M. le curé Garin, au Congrès de Moûtiers.

Dans sa notice, notre honorable confrère dit : « La dîme elle même, contre laquelle nos modernes réformateurs élèvent tant de récriminations, était loin de peser sur le laboureur d'un poids aussi lourd que nos impôts actuels (1). »

Plus loin il ajoute : « Le 2 septembre 1664, l'archevêque passait un albergement perpétuel en faveur des habitants de Tincaves de toutes les dîmes dues à l'archevêché, moyennant une sence annuelle de 30 seytiers de blé, moitié seigle, moitié orge : ce qui constuerait un impôt d'environ 180 francs (2) de notre monnaie actuelle pour le quartier de Tincaves, qui paie certainement aujourd'hui cinq fois plus d'impôts (3).

D'après ces deux passages, M. Garin croit, sans doute, puisqu'il l'écrit, que la dîme seule constituait tous les impôts que le laboureur alors avait à payer ; il ne doit cependant pas ignorer qu'outre la dîme sur les blés et autres grains, les archevêques de Tarentaise en percevaient une sur « les légumes, les vins, les agneaux ; qu'ils touchaient des droits de « chastellenies, de greffes civils et ecclésiastiques, de curialités, d'alpéages, de plaicts, de laouds, de vends, d'obventions casuelles, de censes, de servis, de mainmortes, de chasse, de pêche, d'eaux, d'aunage, d'héminage, de leyde sur les bestiaux les jours de foire et de marché, et autres droits, et qu'ils recevaient les amendes assiésiales, extraordinaires et

---

(1) *Compte-rendu* de la quatrième session du Congrès des Sociétés savantes saovisiennes tenue à Moûtiers le 8 et le 9 août 1881, page 152

(2) Erreur : 30 seitiers font 240 bichets, à 2 fr., prix moyen = 480 francs.

(3) Id. page 152.

rurales, les sences sinodales, les écheutes et les langues (1). »

Il doit savoir aussi, qu'outre les redevances à l'archevêque, l'homme de la glèbe payait les droits de fiefs, les contributions royales et les impositions quelconques, tant personnelles, réelles que domiciliaires et mixtes, les quatre quartiers ordinaires et dons gratuits, la gabelle et la commutation du sel, et qu'il était astreint à des corvées innombrables.

A l'époque où remonte l'étude de notre honorable confrère, les impôts étaient, au contraire, bien plus lourds pour le laboureur qu'ils ne le sont aujourd'hui, malgré l'augmentation exceptionnelle que nous vaut la guerre terrible de 1870-71.

Nous allons faire une revue rapide des diverses charges qui écrasaient les populations rurales pendant l'ancien régime.

DIME.

La dîme sur les blés et autres grains, les légumes, les agneaux, le vin, etc., était, ainsi que les autres droits seigneuriaux, quelques-uns exceptés, vendue par l'archevêque de Tarentaise à des fermiers généraux, faisant rendre à leur marché le plus possible.

En 1692, « le quartier de l'église de Saint-Martin-de-Belleville, Châtelard et Montbérenger payaient 81 seitiers (2) de blé. » Le quartier de Saint-Marcel, même commune, a payé, en 1664, 64 seitiers. Celui

---

(1) Bail à ferme, par l'archevêque Milliet, du 25 mars 1664, Cartanas, notaire.
(2) Le seitier valait 124 litres.

de Villarenger, composé de 60 feux, a payé, en 1738, « trente-quatre seitiers blé — 70 litres par famille — moitié seigle et orge, le tout réduit en farine et rendu au palais de Mgr. » Le même quartier payait en outre, annuellement, « cinq paires de poulets pour la dîme des agneaux (1) »

La dîme du quartier de l'église des Allues était, en 1691, de 64 seitiers de blé; celle du Villard, de la même commune, de 30 seitiers; celle de Pralognan et du Planey, de 46 seitiers; celle de Villemartin, de 60 seitiers et 21 florins d'épingles pour une fois; celle de Notre-Dame-du-Pré, de 88 seitiers.

Le 24 mars 1601, le petit village de Saint Jacquemoz se racheta de la dîme du vin moyennant 70 seitiers (5040 litres) de vin rouge, rendus au Palais de Moûtiers, le jour de Saint-André, sans espoir de prétendre jamais aucun rabais (2). »

En 1793, la dîme, pour le district de Moûtiers, arrivait à environ 20,000 bichets (3) (3100 hectolitres).

Le revenu en dîmes du clergé de Tarentaise était, en 1790, de 53938 livres, et la valeur des dîmes perçues par les laïques de 1891 livres. La population de la Tarentaise était, à cette époque, de 49315 habitants (4).

TAILLE.

La taillabilité, considérée alors comme une marque de servitude, soumettait à la corvée et à l'échute celui qui y était sujet.

---

(1) Archives municipales de Saint-Martin-de-Belleville.
(2) Minutes des notaires Cartanas et Moris et archives de l'évêché.
(3) Archives municipales de Moûtiers.
(4) Grillet, *Dictionnaire historique*, t. III, p. 405.

On pouvait dire de certaines populations de la Savoie, gémissant sous la servitude des seigneurs, ce que Platon disait des serfs : « Que Dieu leur avait enlevé la moitié de l'esprit pour leur empêcher de connaître la misère de leur condition. »

Il y avait deux sortes de tailles royales : la *personnelle* et la *réelle*. La taille personnelle était une véritable capitation. La taille réelle était un impôt de répartition assis sur les biens. La taille personnelle ne pesait que sur les roturiers. Les nobles et les ecclésiastiques en étaient exempts (1). Il fallait deux reconnaissances séparées par un intervalle de dix jours au moins pour qu'un homme fut soumis à la taille personnelle; une seule suffisait pour l'astreindre à la taille réelle (2).

En Tarentaise et en Maurienne, les obligations étaient considérées comme des immeubles et payaient la taille réelle (3).

Indépendamment de la taille royale, il y avait encore la taille seigneuriale ou féodale, que les seigneurs prélevaient sur leurs vassaux. Cette taille était de deux espèces : la taille annuelle et la taille extraordinaire qui ne se levait que dans certaines circonstances. Mais les seigneurs, par leur avidité, multipliaient ces occasions de manière qu'il y eut des tailles sous toutes sortes de prétextes et de noms. L'hommage

(1) Gaspard Bailly, avocat au Sénat de Savoie, *Traités des laods, des servis et des taillables*, p. 179.

(2) Id. p 221-224.

(3) Id. p. 180.

lige n'imposait pas la taille ; mais lorsqu'un homme était lige et taillable, il était sujet à l'échute et à la mainmorte.

La principale cause de l'écrasement du paysan pendant l'ancien régime, par l'impôt, fut l'édit de Charles-Emmanuel 1er, du 15 novembre 1605, ordonnant que « les seigneurs jouiraient du droit de prélection et seraient préférés à tous autres en l'achat de biens se mouvant de leurs fiefs, sans qu'ils puissent cependant céder ce droit à un autre. » Tous les fonds relevant de fiefs revenaient donc aux seigneurs, et comme leurs terres étaient exemptes de l'impôt royal, la totalité des tailles était répartie sur le peu de biens fonds détenus par le paysan, ce qui le ruinait complètement.

CORVÉES.

Dans les reconnaissances, les emphytéotes s'obligeaient souvent à des corvées que les commissaires appelaient, dans les premiers temps de la féodalité, *ad opus* et *magnum opus,* dont les premières furent nommées plus tard corvées à *bras* et les autres corvées à *bœufs,* journée de deux bœufs.

Les journées de corvées duraient du lever au coucher du soleil.

Il y avait deux sortes de corvées : les personnelles et les réelles. Les premières étaient imposées sur les personnes et les secondes sur les fonds.

Outre les redevances, les terres cédées aux emphytéotes devaient encore des corvées à bras et à bœufs (1).

Les serfs étaient corvéables à miséricorde.

REDEVANCES OU SERVIS.

Les redevances ou servis consistaient en blé, vin, légumes, noyaux et autres denrées ou en argent. Les seigneurs cédaient les arrérages des servis qui leur étaient dûs par leurs emphytéotes à leurs commissaires et autres agents. Ceux-ci réclamaient généralement les sences arriérées les années de disette et exigeaient qu'elles leurs fussent délivrées en nature, selon les stipulations du bail. Il était impossible, aux tenanciers, qui n'avaient pas même récolté de quoi vivre, de payer les servis arriérés. Ils ne pouvaient demander aucune diminution de redevances pour cause de stérilité ni de dommages causés aux récoltes ou aux terres, à moins de dévastation complète, par la guerre, des fruits et des revenus.

Les poursuites des agents des seigneurs ruinaient les paysans. Aussi un édit royal autorisa-t-il les emphytéotes à payer les arrérages en argent, au prix des denrées de l'année où la sence était exigible. Lorsque l'emphytéote restait trois ans sans payer au seigneur les redevances convenues, celui-ci avait le droit de le chasser de ses biens. Il profitait des améliorations apportées à ses terres par l'évincé et les louait plus cher à un nouvel emphytéote. Cette faculté fut aussi abrogée par l'édit d'Yoland du 3 juillet 1475.

---

(1) Bailly, p. 132-133.

L'emphytéote surchargé de servis était obligé de mourir de faim sur les fonds qu'il tenait du seigneur, puisqu'il ne pouvait les quitter sans avoir payé préalablement tous les arrérages de ses redevances, ce qui lui était impossible (1).

MAINMORTABLE.

Le mainmortable était l'homme dont la main était morte pour lui, ne travaillant que pour un autre qui en tirait tout le profit. Il était soumis à la servitude personnelle et réelle et privé du droit de disposer de sa personne et de ses biens. Sa succession, lorsqu'il ne laissait pas d'enfants légitimes, passait à son seigneur.

Le mot mainmorte semble venir d'une coutume barbare qui consistait à couper la main droite au défunt qui ne laissait rien et qu'on offrait au seigneur comme marque de servile condition (2).

LODS.

Dans les premiers temps du régime féodal, l'emphytéote ne pouvait vendre les biens qu'il tenait en emphytéose sans le consentement du seigneur direct. Plus tard, il put aliéner ses propriétés sans l'autorisation du seigneur, mais en lui payant un droit appelé *laods,* égal, en Tarentaise, au sixième du prix de la

(1) Bailly, p. 97-129.
(2) id.   p. 192-193.

vente, bien qu'il ne fut que du cinquantième d'après le droit écrit (1).

Il y avait, en Savoie, trois espèces de lods : les lods proprement dits, le *plaid* et la *sufferte* (2).

Les lods étaient dûs pour toutes les ventes de biens tenus en emphytéose, même pour ceux vendus par subhastation.

Ils étaient en outre payés : pour les biens vendus sous grâce de réachat; pour ceux donnés en paiement au seigneur; pour achat de rentes; pour contrat d'aber- gement; pour contrat portant hypothèque, sauf l'hy- pothèque légale, mais après dix ans seulement; pour cession de biens pour paiement d'un créancier; pour la vente de plus value; pour un fonds donné en com- pensation d'un autre dont l'emphytéote avait été évincé; par le vendeur reprenant son bien pour cause de non-paiement par l'acquéreur.

Les échanges et les donations payaient le douzième de la valeur du fonds (3).

PLAID.

Le *plaid* était un droit équivalent, en Tarentaise, au sixième aussi de la valeur des biens féodaux tenus en emphytéose, payé au décès du seigneur du quel ils relevaient (4).

---

(1) Bailly, p. 2
(2) id.   p. 2-3.
(3) id.   p. 82-84.
(4) id.   p. 3.

SUFFERTE.

La *sufferte* était un droit payé par l'homme franc au seigneur qui lui vendait un fonds taillable. Ce droit n'était payé que par le premier acquéreur de ce fonds (1).

ECHUTE.

L'*échute* était le droit accordé aux seigneurs de succéder, dans certaines circonstances, à leurs main-mortables.

Généralement, les seigneurs étaient les héritiers de leurs mainmortables mourant sans enfants mâles ni codiviseurs, lors même qu'ils laissaient des ascendants, à moins qu'ils ne vécussent ensemble. La vie en commun, entre parents, empêchait l'échute. En Maurienne, cependant, le seigneur héritait malgré l'habitation commune.

Les enfants adoptifs n'empêchaient pas l'échute. Les enfants naturels reconnus au moment du mariage l'empêchaient.

En Savoie, la fille unique ne suivait pas la condition de son père ; elle était libre ; mais l'héritier de son père était le seigneur, tenu à lui payer seulement la légitime dont elle pouvait disposer à sa guise. Dans le Faucigny et le Chablais, la coutume, cependant, y était contraire : les filles y faisaient l'échute et l'empêchaient comme les mâles.

En Tarentaise, les seigneurs héritaient de leurs

---

1. Bailly, p. 4.

hommes-liges mourant *ab-intestat* et sans enfants. Lorsque les hommes-liges disposaient de leurs biens, ils devaient, sous peine de nullité de leur testament, faire un legs au seigneur qui avait en outre le droit de prendre le tiers des meubles du défunt.

Les frères et les sœurs vivant ensemble héritaient les uns des autres. Cependant, le seigneur héritait des biens acquis et possédés séparément par chacun d'eux (1).

Les communes n'étaient ni mainmortables ni taillables. Cependant, à Chamonix, les syndics renouvelaient solennellement au nom de la commune, le jour de la St-Michel, pendant la grand'messe, sur le seuil de la porte de l'église, la torche à la main, en présence du prêtre célébrant, du diacre et du sous-diacre, la profession servile et taillable en faveur du Chapitre, jusqu'à la troisième génération inclusivement (2).

Les religieux profès n'empêchaient pas l'échute des biens de leur père en faveur du seigneur, parce qu'ils étaient considérés comme morts au monde et ne pouvant hériter de leurs parents (3).

Lorsqu'un homme mainmortable mourait après son fils ayant laissé des enfants, ceux-ci empêchaient l'échute des biens de leur grand père. Le contraire avait lieu s'il ne restait que des enfants nés de sa

---

1. Bailly, p. 194-201.
2. id.   p. 205.
3. id.   p. 213.

fille morte avant lui, attendu qu'ils étaient considérés comme faisant partie de la famille de son gendre et non de la sienne (1).

En Savoie, les taillables vivaient comme des hommes libres, vendant, achetant et accomplissant d'autres actes, mais ils mouraient serfs, ne pouvant disposer de leurs biens qu'en faveur de leurs enfants mâles et n'ayant le droit de ne faire que des legs pieux. Il ne leur était pas permis de faire une donation en faveur de leurs femmes ni de leur constituer un augment supérieur à celui consacré par la coutume (2).

SERFS.

Il y avait plusieurs espèces de serfs en Savoie. Dans les reconnaissances, les uns sont désignés corvéables à miséricorde et les autres exploitables à miséricorde aussi.

AFFRANCHISSEMEMT DES SERFS.

La liberté a été accordée aux serfs de la Savoie par plusieurs édits, entre-autres par ceux d'Emmanuel-Philibert des 25 octobre 1561, 23 janvier 1562 et 25 août 1565, et celui de Charles-Emmanuel du 20 mars 1582, mais à condition qu'ils paieraient pour leur affranchissement le prix exorbitant de 40 pour cent du montant de tous leurs avoirs, savoir : 20 pour

---

1. Bailly, p. 214-215.
2. id.   p. 221 et suivantes.

cent pour l'affranchissement de leur personne et 20 pour cent pour l'affranchissement de leurs biens (1). L'on peut dire, avec raison, que la liberté n'a pas été donnée aux serfs, mais qu'elle leur a été vendue bien cher.

Non-seulement les serfs, mais tous les hommes taillables de corps et de biens durent acheter leur liberté à des prix très élevés, car les seigneurs augmentèrent beaucoup ceux fixés par les édits royaux (2).

Il y eut, pour plusieurs villes, entre-autres pour celles de Chambéry et d'Annecy, une exception à cette taxe inouïe, un privilège dont jouissaient déjà les citoyens de Moûtiers, consistant à ce qu'un taillable y demeurât un an et un jour pour acquérir sa liberté (3).

M. d'Avenel, dans une étude intitulée : *La taille sous Louis XIII*, dit que, sous le règne de ce roi, « la taille s'élevait par tête, en moyenne, à 7 livres 10 sous, somme très lourde pour un laboureur qui n'avait que 200 jours de travail par an. Aujourd'hui, la part contributive s'élève en impôt direct et par tête à 11 francs tout au plus. Les 7 livres 10 sous du temps de Louis XIII équivalent à 45 francs, c'est-à-dire, à quatre fois et demie plus. »

M. Taine écrit que, d'après les procès-verbaux des assemblées provinciales (1778-1787) « le total général du prélèvement de l'impôt direct royal, de la

---

1. Bailly, p. 257.
2. id. p. 257-260.
3. id p. 263.

dîme ecclésiastique et des droits féodaux était de 81 francs 71 centimes sur 100 francs de revenu net. Restait au propriétaire taillable 18 francs 29 centimes (1). L'impôt direct seul prenait au taillable 53 francs. C'est à peu près cinq fois autant qu'aujourd'hui (2).

Sous l'ancien régime, les propriétaires taillables savoyards, pendant qu'ils furent sous la domination des rois de France, payèrent les mêmes impôts écrasants que les propriétaires taillables des autres provinces françaises.

En 1790, d'après le chanoine Grillet (3), la taille royale était de 128732 livres de Savoie pour la province de Tarentaise, lesquelles, multipliées par 2,53, multiple de la taille pour ses accessoires, la capitation, l'impôt des routes et autres. . . 325691 livres.

La dîme ecclésiastique de.   53938

La dîme laïque de.   1891

Les droits féodaux représentaient environ le montant des dîmes, soit . .   55829

—————

Total . . . 437349 livres.

Lesquelles 437349 livres × 4, valeur de la livre en francs actuels, d'après le prix des denrées en 1790 (4), = 1,749,396 fr. qui, divisés par 49315 habitants à cette date = 35 francs 47 centimes par tête.

———————————

1. Origines de la France contemporaine, t. I, p. 542-543.
2.   id.   p. 461.
3. Dictionnaire historique de la Savoie, t. III, p. 405
4. Archives municipales de Moûtiers.

En 1882, les contributions pour l'arrondissement de Moûtiers ont été (1) :

Foncière.	310182ᶠ	44
Personnelle et mobilière.	47097	23
Portes et fenêtres	34542	69
Patentes	48182	75
Prestations	42045	»
Total.	482050	11

Lesquels 482,050 fr. 11 divisés par 34591 habitants en 1882 = 13 francs 93 centimes par tête, soit un peu plus de deux fois 1/2 moins qu'au moment de la Révolution.

Outre la taille, les impôts, la dîme et les droits féodaux, il y avait, comme nous l'avons dit, les corvées à merci — dont nous n'avons pas porté en compte la valeur qui, certainement, dépassait de beaucoup celle des prestations actuelles — et une multitude de taxes, de redevances, de charges et de servitudes ; les lods et ventes, droit presque universel, qui était le prélèvement du sixième sur le prix de toute terre vendue ; le plaid, qui enlevait aussi le sixième de la valeur des fonds ; la sufferte ; le péage des ponts et des chemins ; les droits sur les denrées et les marchandises apportées aux foires et aux marchés ; ceux du four, du moulin et du pressoir, etc., etc. Ce sont bien là encore de véritables impôts, fonciers, mobiliers, personnels, de patente, de circulation, de mutation et de

---

1. Chiffres fournis par la Recette des finances et par l'Agence-voyère.

succession qui finissaient par ne pas laisser au paysan, gémissant sous une oppression excessive, assez de pain noir pour apaiser sa faim.

Les collecteurs étaient des gens sans pitié ni merci, recourant souvent à la perception forcée, brisant les portes et saisissant tout.

Le paysan était traité, selon le précepte du cardinal de Richelieu, comme une bête de somme à qui on mesure l'avoine, de peur qu'il ne soit trop fort et regimbe (1), « comme un mulet qui, étant accoutumé à la charge, se gâte plus par un long repos que par le travail. »

Le paiement de l'impôt, sous ses multiples formes, enlevait aux familles roturières jusqu'au nécessaire. Aujourd'hui, les contributions n'entament pas même le bien être, qui a remplacé l'effroyable misère de l'ancien régime, dû à la disparition des privilèges du clergé et de la noblesse, à l'affranchissement de l'homme de la glèbe et à sa participation au droit commun. Pendant l'ancien régime, les populations rurales ne recevaient rien en retour des impôts écrasants qu'elles payaient.

Aujourd'hui, l'Etat, le département et la commune leur en rendent une grande partie en prenant à leur charge presque tous les frais de l'enseignement primaire, ceux de construction des routes nationales et départementales et les chemins vicinaux, ceux d'installation des postes et des télégraphes, ceux de la police, de la guerre, etc., etc.

---

1 Taine, id, p. 455.

Des chiffres que nous venons d'exposer, il résulte que les habitants de la commune de Bozel, au lieu de payer aujourd'hui, comme le dit M. le curé Garin, cinq fois plus d'impôts que sous l'ancienne administration des archevêques de Tarentaise, versent dans la caisse du percepteur une somme totale, pour les contributions et les impôts, deux fois 1/2 moindre qu'en 1790, quatre fois 1/2 moins forte que vers le milieu du XVII⁰ siècle et plus de cinq fois plus faible qu'au XIV⁰ siècle (1), et qu'ils n'ont, par conséquent, pas plus au point de vue des impôts qu'à celui de la liberté que leurs ancêtres ont si chèrement payée, à regretter l'ancien régime.

E.-L. BORREL,
architecte.

---

1. Au festin donné à Moûtiers par l'archevêque Jean IV en 1365, deux vaches coûtèrent 6 florins 7 deniers gros, trois porcs 36 sols et dix moutons un florin chacun. On y dépensa 4 seitiers de froment (480 litres) trente un seitiers de vin (2232 litres) et cent pièces de volailles. Besson, note, p. 213. Le florin valait à cette époque 12 sous de Savoie.

Réponse de M. Garin à M. Borrel

La sage décision prise à l'ouverture du présent Congrès d'éviter toutes discussions irritantes dans nos séances *publiques*, et l'heure déjà trop avancée de cette session, ne me permettent pas d'apprécier dans tous ses détails l'important travail que M. l'architecte Borrel vient de lire sur *les impôts pendant le moyen-âge*, à propos de mon étude sur *la suzeraineté des archevêques de Tarentaise dans la vallée de Bozel*. Je tiens cependant à présenter immédiatement quelques observations générales, qui aideront à réduire à leur juste valeur plusieurs assertions exagérées, trop générales et un peu fantaisistes, que mon honorable contradicteur a puisées dans des auteurs trop étrangers aux affaires de notre petit pays pour pouvoir être bien véridiques.

— 1° Ce n'est pas toujours dans les *livres* plus ou moins à la mode, mais bien dans nos *archives locales* qu'il faut chercher la vérité historique. Dans mon étude sur la *suzeraineté des Archevêques...*, j'ai voulu démontrer par des actes nombreux et authentiques que cette suzeraineté fut paternelle, libérale, peu onéreuse pour nos populations. C'est encore par des documents locaux et officiels que je confirmerai la vérité des assertions que M. Borrel a cru nécessaire de *rectifier* publiquement et si vigoureusement.

— 2° Il est essentiel, surtout en matière d'impôts, de bien distinguer les époques, la nature des taxes, les localités, et les personnages au nom de qui elles étaient établies et perçues. Or dans la comparaison que j'ai faite entre les dîmes payées à nos archevêques et les impôts actuels, il ne s'agit que des dîmes telles qu'elles étaient fixées au 17° siècle, et non pas des taxes du *moyen âge ;* — telles qu'elles étaient perçues au nom des archevêques de Tarentaise, et spécialement dans les différents quartiers de la paroisse de Bozel. Ce qui s'est pratiqué à d'autres époques, dans d'autres localités, et par d'autres seigneurs féodaux, ne rentrait point dans l'objet spécial de mon étude. — J'accorde volontiers qu'il a été commis des excès regrettables dans certaines contrées, par plusieurs seigneurs féodaux durs et inhumains, à certaines époques et dans quelques circonstances particulières ; mais le lugubre tableau que M. Borrel vient de nous tracer, d'une manière absolue et générale, de l'affreuse misère des paysans et laboureurs au moyen âge, est évidemment exagéré. D'ailleurs tout ce qu'il s'est plû à recueillir sur l'état lamentable des *serfs,* des *taillables à merci*, sur la multiplicité des taxes, etc., etc., ne peut nullement se dire *à propos de mon étude sur la suzeraineté des Archevêques de Tarentaise,* sous l'administration desquels il n'y avait ni serfs, ni taillables à merci, à l'époque dont il s'agit.

En effet, dès l'an 1393 les syndics des Allues

s'étaient reconnus hommes-liges *mai non serfs* du prélat en vertu des donations impériales ; ils s'engageaient à servir désormais les rentes et dîmes sans discussion, à la condition d'une décharge générale des dettes échues. Les hommes de Bozel firent de même en 1541, 1542 et 1544 ; ceux de Pralognan en 1540, etc. Au 17e siècle l'archevêque Milliet de Challes voulut procéder *à la rénovation des terriers*, soit à la recherche de tous les servis, corvées, usages, plaits, censes, alpéages et autres charges, dépendants à titre de fief de *l'église* et *comté* de Tarentaise.

Pour éviter les inconvénients et les lenteurs des enquêtes judiciaires, les intéressés élurent des députés chargés de proposer à l'archevêque une transaction qui garantit ses droits en évitant l'enquête. La plupart de ces actes sont publiés au tome 1er des *Documents* de *l'Académie de la Val d'Isère*. On y voit que les offres se divisaient en trois catégories : Bozel, Champagny, Pralognan, Planey, demandent le *rachat de la taillabilité personnelle ;* St-Bon, N.-D.-du-Pré, etc. demandent la *transformation des services féodaux :* corvées, cens, servis, plaits, alpéages, *en redevance annuelle en argent, ou en nature d'une quotité fixe ;* Les Allues, St-Martin et St-Jean-de-Belleville, etc. réclament la *transformation de la quotité variable de la dîme* sur les blés, les légumes, les agneaux, le vin, etc. en *une redevance annuelle fixe en grains ou en argent.* Les offres, complétées par une quittance des droits arriérés, furent acceptées par l'archevêque, ratifiées par les assemblées des paysans, et devinrent définitives par l'homologation du Sénat. Les communiers devinrent ainsi leurs propres fermiers et succèdaient, à titre d'*albergement perpétuel*, aux droits multiples, onéreux et discutés du prélat, soit pour l'échute, soit pour les corvées, alpéages et servis, soit pour la dîme, lesquels se résumaient dorénavant en une redevance fixe *répartie entre eux par eux-mêmes, et recouvrée par leurs propres syndics* (1).

—3° D'après la transaction que je viens de rappeler, il m'est permis d'affirmer de nouveau que la dîme et autres taxes équivalentes perçues par nos archevêques « *était loin de peser sur le laboureur d'un poids aussi lourd que nos impôts actuels* ». Il résulte en effet d'une foule de documents que la dîme archiépiscopale se payait ordinairement en nature, à raison du seizième, soit un seizième; qu'elle était proportionnelle au revenu de chaque année, ou bien fixée sur une moyenne proportionnelle.

Les archives municipales de St-Martin-de-Belleville, paroisse natale de mon savant adversaire, vont encore nous fournir des titres officiels qui démontrent que la dîme n'était pas si onéreuse pour l'agriculteur, et que la perception en était faite avec moins de rigueur que celle des impôts actuels, qui doivent se payer en argent et à époque fixe.

D'après une quittance délivrée *sur timbre à la Croix*, le 21 avril 1738, à Mathieu Borrel et Jacques Puget de la paroisse de St-Martin de Belleville, fermier de la dîme du blé du quartier de Villarenger, même pa-

1 Victor de St-Genis : hist. de Savoie, tome III. Document CXX.

roisse, il conste que ce quartier composé de soixante feux payait annuellement 34 seytiers de blé moitié seigle et orge. Or le seytier valait alors 8 bichets de 15 litres 1/2, soit 124 litres : ce qui donnait une moyenne d'environ 70 litres par feu pour la dîme de 1738. Que M. Borrel demande à ses compatriotes si les impôts actuels ne sont pas plus onéreux pour chaque famille!

Une autre quittance montre que le versement des dîmes dues ne se faisait pas strictement au temps marqué, et que les fermiers laissaient écouler plusieurs années avant de s'acquitter. Voici le texte de cette curieuse quittance : « Je soussigné acquitte « Maurice Borrel, accensataire de la dixme des « agneaux par contract du 22ᵉ de febvrier 1768 pour la « cense de cinq paires de poulets ; lequel a payé les « quinze paires de poulets de Villarenger pour les « *trois* années échues à la St-André proche venante. « Moûtiers, au Palais, ce 19 novembre 1770. — Signé « Piffet, prêtre — ». (1)

Un autre document officiel tiré des archives du Tabellion de Moûtiers indique clairement qu'il y a bien à rabattre des évaluations que M. Borrel vient de nous donner du produit total des diverses taxes, dîmes, droits de leydes, chasse, pêche, etc., etc., perçues par les archevêques. C'est un acte d'accensement général des revenus de la mense archiépiscopale de l'archevêché de Tarentaise, transcrit au Folio 758 du registre d'insinuation de l'an 1750.

---

1. Victor de St-Genis, ibid. Docum LXI et LXII.

« L'an 1750 et le 24 avril, à 4 h^{es} après midy, à
« Moustiers dans le palais archiépiscopal...etc., après
« affiches faites et cris publics, la mise offerte étant
« la plus forte, M.g.r. Illust^{me} et R^{sime} Claude-Humbert
« de Rolland, archevesque et comte de Tarentaise,
« Prince du Saint Empire Romain, etc., accense aux
« hon. Joseph Clavel, Joseph Hudry et F. Sylvestre,
« de St-Martin de Belleville, la ferme générale de la
« mense archiépiscopale de l'archevêché de Taren-
« taise, savoir :

« Les greffes temporels, les dixmes rurales, les
« servis et droits seigneuriaux, plaits, ventes, laods,
« alpéages, échutes, etc. à la réserve du clos du pa-
« lais de cette ville, des moulins du Reclus contigus
« au clos, du greffe spirituel, du clos du palais de
« Bozel, de la ferme de la Bâthie, des échutes des
« personnes ecclésiastiques, des laods de main morte ;
« et c'est pendant le temps et espace de neuf années, —
« pour et moyennant la cense annuelle de 13,000 livres
« argent, payables par tiers à Noël, aux Rogations,
« et à la St-Michel ; plus la redevance d'une douzaine
« de douzaines de grives, et d'une douzaine de fai-
« sans, ès temps propice ; et sous la charge de faire
« l'aumosne du pain de may à l'accoustumée, pour
« la cuisson duquel les fermiers prendront 8 toises
« l'an de bois noir dans la forêt de la Contamine ou
« celle de Saint-Jacquemoz ; de faire l'aumosne du
« Carême à St-Jacquemoz ; de payer la cense de 21
« florins au Chapitre de St-Pierre, la cense de 10
« florins au Recteur de la chapelle de St-J.-Baptiste à
« la métropole, la cense de 50 florins aux Dominicains

« de Montmélian pour la dixme de Sainte Anne rière
« Bozel ; de donner les repas dont on a l'usage, et
« celui du Synode aux curés de la mense en retirant
« les censes Synodales.

« Les fermiers jouiront du droit de langues, leydes,
« chasse, pesche, en observant les droits d'un cha-
« cun ; présenteront qui bon leur semblera à l'agré-
« ment du R^{issime} archevêque pour les offices de gref-
« fiers, chastelains, curiaux ; jouiront des greniers du
« palais et seront tenus d'y faire porter tous les
« grains ; payeront pour épingles un quintal de gruyé-
« res, et une autre de 50 livres l'an entre trois, avec
« 200 livres à l'instant remises pour une fois ; remet-
« tront un double de leurs contrats avec les sous-fer-
« miers, etc.... Sylvestre, notaire collégié. »

Il est facile de voir par cet acte que M. Borrel a
singulièrement exagéré la valeur totale des anciens
revenus archiépiscopaux, pour arriver à cette conclusion absolument fantaisiste : que *les impôts actuels
sont cinq fois moins onéreux que les anciens*!!

M. le Ministre des finances ne voudrait certainement pas affermer les impôts actuels de la Tarentaise
dans des conditions équivalentes à celles sus-indi-
quées ; le trésor risquerait d'y perdre quelques centai-
nes de mille francs !

— 4° M. l'architecte paraît surtout indigné de ce
que j'ai osé affirmer que « le quartier de Tincaves
paye certainement aujourd'hui *cinq fois plus d'impôts* » que la valeur des anciennes dîmes archiépisco-
pales. Des chiffres officiels vont encore confirmer cette

assertion, et même prouver qu'elle reste en-dessous de la vérité.

Une faute d'impression facile à corriger par une juste évaluation des seytiers en bichets du pays, — Un seytier égale 8 bichets, — ne porte qu'à 180 fr. au lieu de 480 fr. la valeur actuelle des 30 seytiers de blé payables pour les dimes de Tincaves (1). Or, même à ce taux ainsi corrigé, il est certain que le quartier de Tincaves a payé au trésor, en 1881, bien au-delà de 480 × par 5, soit 2400 fr. En effet, dans l'année 1881 où je composai ma petite brochure, les quatre communes de la perception de Bozel ont versé au bureau du percepteur plus de 36,000 fr. pour les seules quatre contributions directes ; la commune de Bozel versait pour sa part : 13766 fr. 60 c. et le quartier de Tincaves, qui forme le 1/4 de la commune, a dû payer 3441 fr. 85. Si on ajoute à cette somme la part des contributions indirectes : droits d'enregistrement, de successions, de timbre ; droits de régie, sur les boissons, etc., etc., qui égalent au moins les quatre contributions directes, on pourrait dire sans exagération, que les impôts actuels sont huit à dix fois plus onéreux que la valeur des anciennes dimes payées à nos archevêques. Aussi un célèbre financier affirmait dernièrement que l'Etat prélève 31 fr. pour 100 fr. du revenu créé par le paysan, soit le laboureur, de sorte que sur un revenu de 1500 fr. fruit des travaux du laboureur, le fisc lui prélève 460 fr. Il ajoutait ces

---

1. Suzeraineté des archevêques de Tar. p. 25.

paroles peut-être un peu vives dans leur vérité : « On t'a dit, pauvre cultivateur, et chaque jour on te répète qu'émancipé depuis 1789, la révolution t'a délivré de ton maître et de ton seigneur; mais on se rit de ta simplicité. De tes 300 jours de labeur, il y en a 100 dont le produit sera versé, sous une forme ou sous une autre, dans les caisses de ton nouveau maître et seigneur : l'Etat ! (1) »

— 5° Enfin, dans le but d'atténuer le poids des impôts actuels, M. Borrel en attribue l'augmentation à des motifs politiques qui doivent rester en dehors de nos discussions; il ajoute qu'une partie de ces impôts rentre dans le pays pour solder les charges publiques, et spécialement pour favoriser l'instruction primaire. Mais il est juste d'observer que les taxes, les dimes et autres revenus perçus par nos anciens prélats étaient aussi en majeure partie employés pour soutenir les charges publiques; pour l'entretien des églises, du clergé, et même pour favoriser la diffusion de l'instruction primaire, qui n'était pas aussi négligée alors que veulent bien le dire nos modernes réformateurs.

C'était surtout à des œuvres de charité que nos bons prélats aimaient spécialement à consacrer les dîmes qu'ils percevaient. Ainsi en 1170, St Pierre II donnait à l'Hôtel-Dieu de Moûtiers la moitié de ses dîmes; en 1231, l'archevêque Herluin donnait encore au même établissement charitable la moitié de la dîme du blé qui lui restait sur Moûtiers et toute celle de Plainvillard, ainsi que le 1/3 de la dîme du vin.

---

1. M. de la Rocque : *Correspondant* du 25 juin 1883.

La célèbre aumône du *pain de May*, instituée par l'archevêque St Pierre II, et qui fut continuée à Moûtiers par ses successeurs pendant six siècles, absorbait annuellement une quantité considérable de blé, de bois, et d'argent pour les frais accessoires. D'après les recherches très-précises faites par M. Million sur cette aumône vraiment princière, sous l'épiscopat de Mgr Benoît Théophile de Chevron - Villette, il conste : 1° qu'une distribution de pain était faite pendant 28 jours du mois de may ; 2° qu'on devait donner onze onces de pain à toutes les personnes qui se présentaient : riches et pauvres, manants et étrangers ; 3° qu'il se présentait ordinairement, chaque jour, 8,000 personnes qui recevaient 2,000 pains de trois livres. De sorte que, à la fin du mois, on avait distribué 56,000 pains pesants en total 168,000 livres.

Tel était l'emploi que nos archevêques suzerains faisaient de ces dimes si décriées par une certaine école, qui se plait trop à jeter le mépris sur le passé, afin de mieux glorifier le présent. La vérité est qu'il y a eu des indigents et des malheureux à toutes les époques ; si, au moyen-âge, beaucoup de gens manquaient même *d'un morceau de pain noir*, le nombre de ceux qui ne peuvent vivre aujourd'hui que du *pain de l'aumône* ne reste que trop considérable.

MACHINE A MESURER LA CHUTE DES CORPS

AU MOYEN DE L'ÉLECTRICITÉ

Depuis longtemps l'auteur de cette note a essayé de déterminer les lois de la chute libre des corps en employant l'électricité. Après bien des essais, il a réussi à construire, dernièrement, la machine décrite ci-après qui a donné les meilleurs résultats. Elle diffère essentiellement des appareils déjà existants (Atwood, Morin, etc.), en ce qu'elle permet d'étudier la chute *libre* des graves.

Voici quelle est la disposition générale de la machine :

A une certaine hauteur au dessus du sol, hauteur que l'on peut faire varier comme on le désire, se trouve un anneau en cuivre dans lequel peut passer librement le corps dont on veut mesurer la chute. Ce corps est généralement une sphère de cuivre portant une échancrure qui, au moyen d'un morceau de fer doux, retient la sphère sur l'anneau.

Un petit électro-aimant est placé devant le morceau defer doux de telle sorte que lorsqu'un courant électrique passe dans l'électro-aimant la sphère de cuivre commence sa chute.

Juste au-dessous de ce premier dispositif et à une

distance qui peut être quelconque, se trouve un commutateur placé de façon à interrompre le courant électrique aussitôt qu'il aura été touché par la sphère qui tombe.

Sur une table, à la distance que l'on voudra du commutateur, est placée une haute éprouvette à pied, percée à sa partie inférieure d'un petit trou par lequel s'échappe un jet continu de mercure (je dirai tout à l'heure comment on obtient une régularité parfaite dans l'écoulement du mercure).

A une très faible distance du jet de mercure, se trouve un petit récipient rectangulaire en fer blanc, dont l'un des bords, celui qui est très près du jet de mercure, est une arête vive taillée en biseau. Devant ce petit récipient en fer, on dispose un autre électro-aimant dans une position telle que s'il est traversé par un courant électrique, l'électro-aimant attire immédiatement à lui le petit récipient en fer, ce qui amène ce dernier sous le jet de mercure; le métal coule alors dans le récipient au lieu de tomber à côté.

Or, si les deux électro-aimants font partie du même circuit, ce qui est bien simple à réaliser, il est clair :
1° qu'en lançant un courant électrique dans ce circuit, les deux électro-aimants deviendront simultanément actifs et le premier donnera d'abord l'origine du temps de chute.

2° Au même instant physique où la sphère s'est mise en mouvement, le mercure commencera à tomber dans le petit récipient de fer attiré par le second électro-aimant.

3° A l'instant précis où la chute cessera, c'est-à-dire

lorsque le corps tombant aura frappé le commutateur, le mercure ne tombera plus dans le récipient ; ce dernier étant ramené à sa première position par un ressort antagoniste.

On voit donc que la quantité de mercure contenue à la fin de l'expérience dans le récipient de fer est rigoureusement proportionnelle au temps pendant lequel le corps est tombé. *Les unités de poids pourront donc être considérées comme des unités de temps* et on pourra les prendre aussi petites qu'on le désirera.

D'autre part, les distances seront données par la longueur du fil à plomb qui ira de l'anneau au commutateur.

En répétant l'expérience pour des hauteurs variables, on aura tous les éléments pour vérifier que les espaces parcourues sont proportionnels aux carrés des temps employés à les parcourir.

Le commutateur lui-même, dont la construction est analogue à celle d'un dynamomètre à ressort hélicoïdal permet de vérifier la loi des vitesses.

Pour obtenir, dans la première expérience, une veine liquide de mercure ayant une vitesse d'écoulement constante, il suffit de disposer les choses de cette façon : Un siphon amène du mercure dans l'éprouvette *et la maintient toujours pleine* ; l'excès de mercure s'échappe par le bec de l'éprouvette ; le niveau est dès lors constant.

Cette machine permet comme on le voit 1° de mesurer la chute *libre* du corps qui tombe. 2° d'opérer si l'on veut, sur les plus grandes hauteurs de chute qu'il soit possible d'avoir à sa disposition, comme les puits de mines ou les montagnes taillées à pic. 3° Elle offre le précieux avantage d'évaluer la résistance de l'air. Cette résistance, d'ailleurs imparfaitement mesurée encore, se traduit par la différence que l'on constate entre les résultats fournis par la théorie et ceux que donne l'appareil.

L. GAUTHIER,
Vice-Président de la Société d'Histoire naturelle de la Savoie,
Directeur de l'école primaire supérieure de Chambéry.

TABLE DES MATIÈRES